나만 알고 싶은 카페,
베이커리,
킷사텐,
일본식 간식부터
편의점 디저트까지

김소정 지음

일러두기
맞춤법과 외래어 표기는 국립국어원의 용례를 따랐습니다.
다만 국내에서 이미 굳어진 용어의 경우에는 익숙한 표기를 썼습니다.

도쿄 디저트 여행

나만 알고 싶은 카페,
베이커리,
킷사텐,
일본식 간식부터
편의점 디저트까지

김소정 지음

Prologue

도쿄 현지 인기 카페,
　베이커리,
　　　킷사텐 다 모았어요!

《도쿄 디저트 여행》은 도쿄에서 맛있는 빵과 디저트를 즐기고
싶은 여행자, 카페 투어를 계획하고 있는 독자들을 위해
만든 책입니다. 이 책 한 권만 들고 떠나도 걱정 없도록요!

직접 도쿄에 살면서 방문한 카페와 베이커리, 킷사텐 중에서
정말 맛있던 곳, 다시 가고 싶은 곳, 여행자뿐 아니라
현지인도 사랑하는 곳들로만 선정했어요. 이미 국내에 많이
알려진 곳은 최소한으로 소개하고, 블로그, 인스타그램에서
그동안 소개하지 않았던 비공개 맛집까지 모두 담았습니다.
저 역시 나중에 도쿄로 다시 여행을 갈 때, 이 책 한 권만
들고 떠날 수 있도록 애정을 가득 담아 만들었어요.

《도쿄 디저트 여행》을 읽을 때 참고하셨으면 하는 마음에 제가
좋아하는 디저트 스타일을 잠깐 말씀드리려고 해요.

저는 촉촉하고 가벼운 디저트보다 묵직하고 진한 디저트를
선호하고, 새콤한 맛보다는 고소한 맛을 더 좋아해요. 책을
읽다 보면 아마 저의 입맛과 취향을 바로 알 수 있을 거예요.
그래서 저와 비슷한 취향을 가지신 분이라면 더 도움이
되겠지만, 그렇지 않더라도 제가 소개한 곳들은 남녀노소를
불문하고 현지에서 인정받은 곳들이며 다양한 종류의
디저트를 다루고 있으니 걱정하지 마세요.

그동안 시도해 보지 못했거나, 알지 못했던 디저트를 이 책을
계기로 알게 되고 시도해 보는 것도 새로운 경험이 될
거라고 생각해요.

그럼 이제 같이 도쿄 디저트 여행을 떠나 볼까요?

Contents

프롤로그 도쿄 현지 인기 카페, 베이커리, 킷사텐 다 모았어요! ▷ 004
이 책에 나오는 기본 디저트 소개 ▷ 010
테마별 가기 좋은 곳 ▷ 012
이 책을 보는 방법 ▷ 014

1장. 카페

귀여움이 가득한 카페에서 인생 푸딩을
① 버터마스터 리빙룸 ▷ 018
Butter"mass"ter livingroom

맛과 비주얼 모두 완벽한 밀푀유
② 리스 카페 ▷ 020
Re:s café

달콤한 디저트와 함께 인생 사진도 덤으로
③ 더 리틀 베이커리 도쿄 ▷ 022
The Little BAKERY Tokyo

프렌치토스트 유행의 선두 주자
④ 넘버 포 No.4 ▷ 024

요요기 공원 근처 브런치 핫플레이스
⑤ 프루미에 메 プルミエメ ▷ 026

크레이프의 신세계
⑥ 알레 카페 allée -アレ- ▷ 028

마지막까지 따뜻한 철판 프렌치토스트
⑦ 더 프론트 룸 ▷ 030
THE FRONT ROOM

조용히 즐기기 좋은 따스한 카페
⑧ 소라마 커피 sorama coffee ▷ 032

다양한 맛의 아이스크림 쿠키 샌드
⑨ CBC Coffee Beef Carnevale ▷ 034

고급스러운 비주얼의 푸딩 맛집
⑩ 츠바사 커피 TSUBASA COFFEE ▷ 036

예약해야만 먹을 수 있는 딸기 파이 맛집
⑪ 그레이스 Grace ▷ 038

일본 문학을 함께 느낄 수 있는 곳
⑫ 분단 커피 앤 비어 ▷ 040
BUNDAN Coffee & Beer

단호박 덕후를 위한 디저트 숍
⑬ 카보차 kabocha ▷ 042

전차 뷰와 함께 맛있는 디저트 타임
⑭ 칠링 커피 앤 베이크 ▷ 044
Chilling Coffee&Bake

전 세계에 단 세 곳만 있는 카페
⑮ 메노티스 도쿄 Menotti's Tokyo ▷ 046

도쿄 사진 미술관 속 작품 같은 디저트
⑯ 카페 프롬 톱 Cafe From Top ▷ 048

맛있는 사이폰 커피와 크림 푸딩
⑰ 닝스 커피 Ning's Coffee ▷ 050

호지차 디저트에 빠지다
⑱ 리트 커피 앤 티 스탠드 ▷ 052
LIT COFFEE & TEA STAND

갓 튀겨 주는 인생 키나코 도넛
⑲ 히구마 도넛×커피 라이츠 ▷ 054
Higuma Doughnuts×Coffee Wrights

푸딩과 도넛의 신기한 조합
⑳ 킷사 레이 Kissa Ray ▷ 056

아침부터 활기찬 동네 사랑방
㉑ 그랫브라운 로스트 앤 베이크 ▷ 058
GRATBROWN Roast and Bake

일본 최초의 티 브랜드 전문점
㉒ 차베티 CHAVATY ▷ 060

수제 초콜릿 디저트 전문점
㉓ 틸 teal ▷ 062

색다른 비주얼의 커피 젤리와 프렌치토스트
㉔ 타스 야드 Tas yard ▷ 064

빵모닝에 딱! 오믈렛 샌드위치 맛집
㉕ 레 주도 베베 les joues de BeBe ▷ **066**

현지 인기 No.1 키슈 플레이트
㉖ 부이크 Buik ▷ **068**

소박한 프랑스 가정식 플레이트
㉗ 패디부스 잠부스
pedibus jambus ▷ **070**

도쿄 베스트 스콘 맛집
㉘ 브릿지 커피 앤 아이스크림 ▷ **072**
Bridge COFFEE & ICECREAM

초콜릿 무스 유행의 원조
㉙ 부베트 도쿄 BUVETTE TOKYO ▷ **074**

프렌치토스트와 치즈 가츠 샌드를 같이 먹고 싶다면
㉚ 도쿄 켄쿄 Tokyo Kenkyo ▷ **076**

매일 아침 먹고 싶은 빵과 수프
㉛ 웰크 wellk ▷ **078**

사계절 시즌 디저트가 기대되는 곳
㉜ 에키요코 베이크 Ekiyoko Bake ▷ **080**

가마쿠라 여행의 필수, 아이스 쿠키 샌드
㉝ 데일리 바이 롱 트랙 푸드 ▷ **082**
DAILY by LONG TRACK FOODS

2장. 베이커리

바삭한 페이스트리 장인의 맛집
① 불랑제리 수도
Boulangerie Sudo ▷ **086**

치즈 케이크 하나로 도쿄를 사로잡은 곳
② 이퀄 Equa ▷ **088**

한입에 먹기 어려울 정도로
푸짐한 베이글 샌드위치
③ 투르나주 진구마에 ▷ **090**
TOURNAGE Jingumae

도쿄 대표 빵지 순례 성지
④ 아맘 다코탄 AMAM DACOTAN ▷ **092**

도쿄에서 핫한 도넛 가게
⑤ 라시누 도넛 앤 아이스크림 ▷ **094**
Racines Donut & Ice Cream

레트로 감성의 수제 샌드위치
⑥ 카리나 Carina ▷ **096**

도넛 열풍의 중심, 도넛의 신세계
⑦ 아이 엠 도넛? I'm donut? ▷ **098**

도쿄에서 핫한 베이글 가게
⑧ 테코나 베이글 워크 ▷ **100**
tecona bagel works

싸고 맛있다, 진정한 현지인 찐 맛집
⑨ 스모모 베이커리 ▷ **102**
SUMOMO BAKERY

세계 대회에서 우승한 인기 빵십
⑩ 코문 도쿄 Comme'N TOKYO ▷ **104**

바삭한 식감의 올드패션 도넛을 좋아한다면
⑪ 시부이치 베이커리 ▷ **106**
SHIBUichi BAKERY

조용한 동네의 강한 빵집
⑫ 글루토니 Gluttony ▷ **108**

삿포로에 본점이 있는 푹신푹신한 도넛 전문점
⑬ 커피 앤 도넛 플러피 하우스 ▷ **110**
Coffee and donuts fluffy house

도쿄 최고의 비건 베이커리
⑭ 유니버설 베이크스 니코메 ▷ **112**
Universal Bakes Nicome

여기서만 맛볼 수 있는 피스타치오 크림빵
⑮ 르 리소르 Le Ressort ▷ 114

고퀄리티의 진정한 프랑스 베이커리
⑯ 르리외 유니크 Le Lieu Unique ▷ 116

인생 천연 발효 빵집
⑰ 카이소 KAISO ▷ 118

검증된 포르투갈식 에그타르트 맛집
⑱ 나타 데 크리스티아노 ▷ 120
NATA de Cristiano

체인 브랜드여도 추천하는 곳
⑲ 더 시티 베이커리 아오야마 ▷ 122
The City Bakery Aoyama

도쿄 최상위 수준의 바게트와 페이스트리
⑳ 불랑제리 보네 단누 ▷ 124
Boulangerie Bonnet D'ane

도쿄 최고의 소금빵 맛집
㉑ 그린 섬 GREEN THUMB ▷ 126

인생 크루아상을 만나다
㉒ 불랑제리 이가라시 ▷ 128
Boulangerie S.Igarashi

역대급 쫀득한 베이글 맛집
㉓ 아노 베이글 Ano Bagel ▷ 130

가마쿠라의 건강한 빵 맛집
㉔ 키비야 베이커리 ▷ 132
KIBIYA Bakery

3장. 킷사텐

진보초의 명물, 돌솥구이 핫케이크
① 탐탐 TamTam ▷ 136

킷사텐의 대표 음료, 멜론 소다
② 카페 드 락 Café de raak ▷ 138

일본 전통 킷사텐 스타일의
핫케이크와 샌드위치
③ 루포제 스기 ルポーぜすぎ ▷ 140

원조 명물 김 토스트
④ 카페 에이스 Café ACE ▷ 142

그라탱 토스트와 넬 드립 커피 맛집
⑤ 도로와바구 トロワバグ ▷ 144

쇼팽 음악이 흘러나오는 킷사텐
⑥ 킷사 쇼팽 珈琲ショパン ▷ 146

신주쿠에서 킷사텐 하면 이곳
⑦ 커피 람브르 COFFEE L'ambre ▷ 148

시즌별로 바뀌는 기간 한정 푸딩을 맛보러
⑧ 킷사 사텔라 喫茶サテラ ▷ 150

도쿄 No.1 달걀 샌드위치
⑨ 티룸 조우아 城亜 ティールーム ▷ 152

특별한 2단 푸딩이 있는 곳
⑩ 미진코 커피 Mijinco Coffee ▷ 154

따끈따끈한 치즈 오믈렛 샌드위치 맛집
⑪ 기린 커피 kirin coffee ▷ 156

4장. 일본식 디저트

인생 피스타치오 빙수
① 빙수 공방 셋카 かき氷工房 雪菓 ▷ 160

200년 이상의 전통이 담긴 당고
② 하부타에 당고 羽二重 団子 ▷ 162

카레 전문점에서 만드는 카레빵의 맛
③ 템마 카레 TEMMA CURRY ▷ 164

고베식 타코야키 전문점에서 빙수까지
④ 미나토야 みなと屋 ▷ 166

바삭한 일본식 붕어빵, 타이야키
⑤ 히라기 ひいらぎ ▷ 168

당고 덕후가 인정하는 야키 당고 찐 맛집
⑥ 치쿠센도 竹仙堂 ▷ 170

고구마 맛탕에 진심인 곳
⑦ 다이가쿠이모 치바야 ▷ 172
　大学いも 千葉屋

기치조지의 터줏대감 빙수 맛집
⑧ 코오리야 피스 氷屋 ぴいす ▷ 174

아사쿠사에서 맛보는 특별한 당고
⑨ 화과자 카에데 和菓子 楓 ▷ 176

가장 맛있었던 흑임자 빙수
⑩ 사보 오쿠노 시부야 ▷ 178
　Sabo Okuno Shibuya

고집과 자부심이 느껴지는 빙수 전문점
⑪ 데메킨 DEMEKIN ▷ 180

주먹보다 더 큰 대왕 콩떡
⑫ 이세야 伊勢屋 ▷ 182

5장. 편의점·슈퍼마켓 디저트

① 로손 ▷ 186
모치롤·모치부요·로손 라테·우치카페 피스타치오 아이스크림·달걀 샌드위치·소프트아이스크림 우유·쟈지 우유 푸딩·당고

② 세븐일레븐 ▷ 188
슈가버터 샌드트리·콘마요빵·더블 크림 슈·사브레 쿠키·너츠 초콜릿·아이스 고구마 맛탕·콩찹쌀떡·제로 사이다·시로모치 타이야키·피스타치오 아이스크림·피자망

③ 슈퍼마켓 ▷ 191
당고·구로마메 센베·두유

④ 아이스크림 ▷ 193
아이스노미 과일 맛·하겐다즈·피스타치오 샌드 아이스크림·아이스 만주 고구마·이무라야 고구마 아이스크림·오하요 크렘브륄레·먹는 목장 소프트아이스크림

부록 도쿄 디저트 카페 도장 깨기 리스트 ▷ 196

이 책에 나오는 기본 디저트 소개

스콘 Scone
밀가루에 버터, 베이킹파우더, 우유 등을
섞어 반죽하되, 속을 넣지 않고 구운
영국식 빵

베이글 Bagel
발효시킨 반죽을 살짝 데쳐서
구워 낸 도넛형의 딱딱한 롤빵

밀푀유 Millefeuille
천 겹의 잎사귀라는 뜻으로, 얇은
페스추리와 크림을 겹겹이 쌓아
만들어 구운 프랑스식 과자

카눌레 Canele
부드러운 커스터드와 두꺼운 캐러멜
껍질 그리고 바닐라와 럼의 향이
어우러진 프랑스식 과자

비스코티 Biscotti
이탈리아어로 '두 번
굽는다'라는 뜻의 오독오독한
식감의 비스킷류

캉파뉴 Campagne
호밀가루와 밀가루를 섞은 것에
천연 발효종 등을 첨가하여
구워 낸 시골풍의 프랑스 빵

크렘브륄레 Creme Brulee
커스터드 크림 위에 설탕을
얹고 표면을 불로 살짝 그슬린
프랑스 디저트

키슈 Quiche
달걀과 크림을 사용해 만드는
프랑스 전통 요리

치아바타 Ciabatta
밀가루, 효모, 물, 소금을
사용해 만든 이탈리아 빵

포카치아 Focaccia
밀가루와 이스트를 넣고
납작하게 구운 이탈리아의
대표적인 플랫 브레드

테마별
가기 좋은
곳

혼자 가기 좋은 곳

그랫브라운 로스트 앤 베이크	058
기린 커피	156
닝스 커피	050
데메킨	180
도로와바구	144
리트 커피 앤 티 스탠드	052
메노티스 도쿄	046
부이크	068
분단 커피 앤 비어	040
브릿지 커피 앤 아이스크림	072
사보 오쿠노 시부야	178
소라마 커피	032
칠링 커피 앤 베이크	044
카이소	118
카페 에이스	142
킷사 쇼팽	146
킷사 사텔라	150
틸	062

시즌 메뉴를 먹기 좋은 곳

넘버 포	024
데메킨	180
리스 카페	020
리트 커피 앤 티 스탠드	052
미나토야	166
불랑제리 수도	086
빙수 공방 셋카	160
사보 오쿠노 시부야	178
아노 베이글	130
에키요코 베이크	080
칠링 커피 앤 베이크	044
코오리야 피스	174
투르나주 진구마에	090
틸	062

친구(연인)와 함께 가면 좋은 곳

그레이스	038
넘버 포	024
더 리틀 베이커리 도쿄	022
더 프론트 룸	030
도쿄 켄쿄	076
레 주도 베베	066
버터마스터 리빙룸	018
부베트 도쿄	074
부이크	068
알레 카페	028
에키요코 베이크	080
차베티	060
츠바사 커피	036
카페 프롬 톱	048
탐탐	136
패디부스 잠부스	070
프루미에 메	026
히구마 도넛×커피 라이츠	054

공간&분위기가 좋은 곳

그레이스	038
닝스 커피	050
부이크	068
분단 커피 앤 비어	040
카페 드 락	138
카페 프롬 톱	048
커피 람브르	148
티룸 조우아	152
패디부스 잠부스	070

13

이 책을
보는 방법

《도쿄 디저트 여행》을 알차게 활용하는 방법을 알려드릴게요.

⑤ 조용히 즐기기 좋은 아늑한 카페 　　　　　　　　이미지진구마에

소라마 커피
sorama coffee

하라주쿠와 오모테산도 중간에 위치한 쉼터 같은 카페로, 내부는 조금 작지만 조용하고 쉬다 갈 수 있는 공간이에요. 사실 방문하기 전에는 특별할 게 없어 보였는데, 2017년부터 리뷰가 있는 것을 보고 '작지만 강한 곳이겠구나'라는 생각에 방문하게 됐어요.

커피뿐만 아니라 수제 구움과자, 그래놀라도 판매하고 있는데, 디저트 중에서는 특히 커스터드 푸딩이 맛있다고 해서 먹어 봤어요. 너무 푹신하지도, 너무 가볍지도 않은 딱 적당한 질감에 적당한 단맛이 좋았고, 바닐라 아이스크림과 같이 먹어서 더 맛있었어요. 누구나 좋아할 것 같은 맛입니다!!

시즌마다 색다른 맛으로 제공되는 파르페도 특별한 메뉴로 추천해요. 저는 캐러멜 소스&코코리 파르페를 먹었는데, 비스코티가 정말 맛있었어요. 커피 셔벗&바닐라 아이스크림 메뉴는 고급스러운 디저 시낭 맛이라 여름 별미였어요.

Comment
고소한 카페라테

Comment
귀여운 소라마 커피

Comment
카라멜 소스&비스코티
파르페와 커피
셔벗&바닐라 아이스크림

- Add　　1 Chome-12-6 Jingumae, Shibuya city, Tokyo 150-0001
- Open　　평일 10:30-17:00 / 토요일 11:00-17:00
- Close　　일요일, 월요일
- Instagram　　sorama_tokyo

디저트 맛집 정보
도쿄 디저트 맛집 이름, 주소, 운영 시간, 휴무일, 인스타그램 등을 안내했어요. 현지 사정에 따라 변동될 수 있으니 가기 전에 꼭 확인하세요.

디저트 맛집 소개

디저트 대표 맛집으로 선정한 추천 이유와 인기 메뉴, 해당 장소를 잘 즐길 수 있는 방법이 담겨 있어요.

Cafe

③ 달콤한 디저트와 함께 인생 사진도 덤으로   오모테산도

더 리틀 베이커리 도쿄
The Little BAKERY Tokyo

예쁜 외관으로 이미 유명한 카페 미팅 SNS 인생 사진 찍으러 가는 길에 맛있는 디저트도 먹으면 좋은집으로. 인기 메뉴는 도넛으로, 제도 여러 개 먹어 봤는데 솔티드 캐러멜 도넛이 가장 쫄깃하고 맛있었답니다. 또 아는 사람에게만 알려진 히든 메뉴, 쿠키 사이에 아이스크림을 샌드한 아이스 쿠키 샌드도 정말 맛있어요. 아이스크림도 전문적으로 판매하고 있는 곳으로, 가장 추천하는 아이스크림은 피스타치오인데, 빵이나 케이크가 당기지 않는다면 아이스크림을 골라 먹도 좋아요.
외국인 손님이 많아서인지 비건 도넛과 비건 쿠키도 판매하는데, 맛도 좋아서 비건 디저트를 찾는 분들에게도 추천합니다.

Comment
추천 메뉴인 아이스 쿠키 샌드와 솔티드 캐러멜 도넛

Comment
더 리틀 베이커리 도쿄에서 판매하는 것으로 도넛 브랜드의 도넛과 비건 도넛

- Add   6 Chome-13-6 Jingumae, Shibuya city, Tokyo 150-0001
- Open   10:00-19:00
- Close 없음

대표 디저트와 포토 스폿

해당 맛집의 대표 인기 디저트와 외관, 사진 찍기 좋은 포인트를 한눈에 사진으로 확인할 수 있어요.

일본 카페의 특징이라면 운영 기간이 길다는 거예요. 이 책을 쓸 수 있겠다고 생각한 이유 중 하나인데요, 금방 생겼다가 사라지는 곳보다 기본적으로 5~10년 정도 운영한 곳이 많기에 몇 년 후에 가 봐도 그 자리에 있을 거라는 생각을 자연스럽게 하게 돼요.

또 혼자 방문하는 손님도 정말 많아요. 그래서인지 테이블 수나 공간이 1~2인 기준으로 구성된 곳이 많답니다.

제가 방문했던 브런치 카페는 식사 메뉴뿐만 아니라 디저트 메뉴도 꼭 있었는데요, 그래서 여기서는 디저트뿐 아니라 브런치까지 소개했어요. 무엇보다 공간이 예쁜 곳보다도 음식이 맛있는 곳으로 골랐답니다. 카페의 추천 메뉴와 주문 팁까지 소개했으니 놓치지 마세요!

Café

1장.
카페

① 귀여움이 가득한 카페에서 인생 푸딩을   다이타바시

버터마스터 리빙룸
Butter"mass"ter livingroom

🟡 Add	168-0063 Tokyo, Suginami city, Izumi, 1Chome-23-17 ピース和泉	
🟡 Open	12:00~18:00	
❌ Close	수요일, 목요일	

귀여운 인테리어와 캐릭터 소품으로 2019년부터 쭉 사랑받고 있는 카페! 가장 인기 있는 디저트는 푸딩이에요. 크림 베이스가 진한 묵직한 커스터드 푸딩 스타일로, 크기도 다른 곳보다 더 큰 편이에요. 음료는 유명한 캐릭터가 그려진 컵에 담아 주는데, 컵이 정말 귀여워서 사진을 많이 찍기도 해요. 다양한 굿즈를 판매하고 있어서, 볼거리도 풍성했답니다.
저는 푸딩, 커피 젤리, 피스타치오 케이크와 스페셜 메뉴인 크렘브륄레를 먹어 봤는데요, 전반적으로 다 맛있지만 역시 시그니처인 푸딩이 가장 맛있었어요. 도쿄에서 손꼽는 푸딩 맛집이랍니다. 진한 커스터드 푸딩을 찾는 분들께 자신 있게 추천해요!

Comment 매장에서 판매하고 있는 아기자기한 소품들

Comment 시그니처 메뉴인 커스터드 푸딩

② 맛과 비주얼 모두 완벽한 밀푀유　　　　　　　　　다카다노바바

리스 카페
Re:s café

- 🟡 Add　169-0072 Tokyo, Shinjuku city, Okubo, 3 Chome-9-5 都営西大久保アパート1F
- 🟡 Open　11:00~17:00
- 🟡 Close　월요일

계절마다 제철 과일을 이용한 밀푀유 케이크로 유명해요. 저는 딸기 시즌에 방문해서 딸기 밀푀유를 먹었는데, 딸기를 활용한 밀푀유도 여러 종류라 고르기 힘들었던 기억이 나요. 제가 선택한 딸기 밀푀유는 피스타치오 크림이 들어 있어 부드러우면서, 밀푀유 자체가 바삭바삭해서 식감이 정말 좋았어요!
시즌별 과일 밀푀유만큼 시그니처 메뉴인 푸딩 몽블랑 밀푀유는 비주얼부터 어마어마해요. 밀푀유 위에 몽블랑을 올렸는데 그 속에 푸딩까지 있어서, 살면서 처음 먹어 보는 디저트였어요. 맛은 말할 것도 없고요! 비주얼과 맛 모두 만족스러운 디저트 맛집입니다.

Comment
푸딩 몽블랑 케이크와 안에 가득한 푸딩

Comment
딸기 밀푀유와 안에 가득한 피스타치오 크림

③ 달콤한 디저트와 함께 인생 사진도 덤으로   오모테산도

더 리틀 베이커리 도쿄
The Little BAKERY Tokyo

Add	6 Chome-13-6 Jingumae, Shibuya city, Tokyo 150-0001
Open	10:00~19:00
Close	없음

예쁜 외관으로 이미 유명한 카페! 이왕 SNS 인생 사진 찍으러 가는 김에 맛있는 디저트도 먹으면 좋잖아요. 인기 메뉴는 도넛으로, 저도 여러 개 먹어 봤는데 솔티드 캐러멜 도넛이 가장 쫄깃하고 맛있었답니다. 또 아는 사람에게만 알려진 히든 메뉴, 쿠키 사이에 아이스크림을 샌드한 아이스 쿠키 샌드도 정말 맛있어요. 아이스크림도 전문적으로 판매하고 있는 곳으로, 가장 추천하는 아이스크림은 피스타치오인데, 빵이나 케이크가 당기지 않는다면 아이스크림을 골라도 좋아요.
외국인 손님이 많아서인지 비건 도넛과 비건 쿠키도 판매하는데, 맛도 좋아서 비건 디저트를 찾는 분들에게도 추천합니다.

Comment
더 리틀 베이커리 도쿄에서 판매하는 굿타운 도넛 브랜드의 도넛과 비건 도넛

Comment
추천 메뉴인 아이스 쿠키 샌드와 솔티드 캐러멜 도넛

④ 프렌치토스트 유행의 선두 주자   이치가야

넘버 포
No.4

⊙ Add	5-9 Yonbancho, Chiyoda city, Tokyo 102-0081
⊙ Open	08:00~22:00
⊗ Close	없음

2015년에 오픈한 도쿄 대표 브런치 맛집으로, 프렌치토스트 유행의 선두 주자인 곳이에요. 브런치 맛집답게 피자, 샐러드, 수프, 토스트 등 여러 메뉴를 판매하는데 기간 한정의 시즌 메뉴가 가장 유명해요.

이곳을 제일 널리 알린 메뉴도 단호박 프렌치토스트로, 가을 시즌 한정 메뉴입니다. 저는 고구마 프렌치토스트 시즌일 때 먹어 봤는데, 고구마 덕후로서 프렌치토스트 자체보다 고구마와 토핑의 조합이 정말 맛있었어요. 고구마와 단호박을 좋아한다면 꼭 시즌 메뉴를 맛보세요!

아침 메뉴와 런치 메뉴가 달라서, 원하는 메뉴가 있다면 언제 제공하는지를 꼭 확인해야 해요. 현지에서도 인기가 많아 늘 웨이팅이 있지만, 조금 기다려도 후회는 없을 곳이라고 생각해요.

Comment
프렌치토스트를 유행시킨 넘버 포

Comment
고구마 프렌치토스트

⑤ 요요기 근처 브런치 핫플레이스   요요기

프루미에 메
プルミエメ

🟡 Add	151-0063 Tokyo, Shibuya city, Tomigaya, 1 Chome-6-10 代々木公園ビル2F
🟡 Open	08:00~17:00
🟡 Close	수요일
🟡 Instagram	premiermai_tokyo

요요기 공원 근처에 위치한 치즈 토스트와 프렌치토스트 전문점. 간판이 없어서 찾기가 어려울 수도 있지만 그럼에도 인기가 정말 많은 곳이에요. 이른 아침에 오픈하기 때문에 아침 식사 맛집으로 가장 유명하지만, 브레이크 타임 없이 5시까지 영업하기 때문에 늦은 점심이나 이른 저녁을 먹기에도 좋아요.

오픈 키친으로, 토스트 만드는 과정을 다 볼 수 있어서 눈이 즐거워요. 치즈 토스트를 주문하면 녹인 치즈를 자리로 가져와서 눈앞에서 부어 주는데 마치 쇼를 보는 것 같아요. 심플한 조합이지만 무엇보다 식빵이 맛있고 치즈도 넉넉해서, 치즈를 좋아한다면 만족할 거예요. 또 다른 대표 메뉴인 프렌치토스트는 볼거리가 많은 조리 과정도 흥미로웠고, 치즈 토스트보다 더 촉촉하고 달달한 맛이었어요. 플레이팅도 예뻐서 눈과 입 모두 만족한 곳입니다.

메뉴는 QR코드로 확인하고, 주문은 선결제랍니다.

Comment
만드는 과정을 즐길 수 있는 오픈 키친

Comment
치즈를 부리기 진후의 치즈 토스트

Comment
또 다른 인기 메뉴인 프렌치토스트

⑥ 크레이프의 신세계　　　　　　　　　　　　　　　　　아오야마

알레 카페
allée -アレ-

- Add: 107-0061 Tokyo, Minato city, Kita-Aoyama, 3 Chome-5-23 1F
- Open: 11:00~20:00
- Close: 화요일

새로운 크레이프의 세계를 알려준 곳이에요. 레스토랑에 온 것 같은 고급스러운 공간에서 즐기는 기본 크레이프! 흔히 접하는 길거리 크레이프가 아닌 고급스러운 디저트 느낌의 버터 크레이프로, 갓 구운 크레이프에 설탕, 버터만 심플하게 곁들였는데도 맛있어서 깜짝 놀랐어요. 식감도 쫀득쫀득해서 색달랐고요.

그밖에 유명한 메뉴인 플레인 바스크 치즈 케이크는 우유의 고소한 풍미가 진하게 느껴졌는데, 유제품이 맛있기로 유명한 하치조지마의 버터를 사용한다고 해요. 크레이프랑 푸딩에는 바닐라 아이스크림 토핑을 추가할 수 있으니 꼭 곁들여 보세요.

꿀 카눌레는 겉과 속이 모두 촉촉했는데, 부드러운 카눌레를 좋아한다면 추천! 진한 꿀맛을 제대로 느낄 수 있어서 특별했어요. 포장이 귀여워서 선물용으로 좋을 것 같아요.

Comment
푸딩과 플레인 바스크 치즈 케이크

Comment
선물하기에도 좋은 카눌레

⑦ 마지막까지 따뜻한 철판 프렌치토스트　　　　　마루노우치

더 프론트 룸
The Front Room

- Add　103-6390 Tokyo, Chiyoda city, Marunouchi, 2 Chome-4-1, Marunouchi Building 1F
- Open　월~목 08:00~22:00 / 금 08:00~23:00 / 주말 09:00~21:00
- Close　없음

도쿄에서 철판 프렌치토스트로 손꼽히는 맛집이에요. 샐러드, 샌드위치, 파스타 등 다양한 메뉴를 판매하지만, 대표 메뉴는 단연 프렌치토스트랍니다. 저는 네 가지 프렌치토스트 메뉴 중 가장 기본인 '휘핑 버터와 메이플시럽 프렌치토스트'를 주문했어요. 일본의 프렌치토스트는 대부분 한국의 프렌치토스트보다 빵 두께가 두툼하고 속은 더 촉촉한 편이에요. 여기에 메이플시럽과 버터 휘핑크림이 적당한 달달함을 더해 줍니다. 게다가 철판 그릇을 사용하여 마지막 한입까지 따끈따끈하게 먹을 수 있다는 점이 좋았어요.

간단한 디저트 메뉴로는 푸딩을 추천해요. 사실 큰 기대 없이 시켜 본 메뉴인데 가격 대비 양도 많고, 맛있었어요. 또 따뜻한 카페라테, 아이스 카페라테 모두 우유 맛이 진하고 고소한 편이랍니다. 셀프 바에 우유가 구비돼 있으니 원하는 맛으로 조절해 마실 수 있어요.

Comment
더 프론트 룸의 외관

Comment
메이플시럽과 휘핑 버터가 스며 촉촉한 프렌치토스트

Comment
푸딩과 고소한 카페라테

⑧ 조용히 즐기기 좋은 따스한 카페 메이지진구마에

소라마 커피
sorama coffee

Add	1 Chome-12-6 Jingumae, Shibuya city, Tokyo 150-0001
Open	평일 10:30~17:00 / 토요일 11:00~17:00
Close	일요일, 월요일
Instagram	sorama_tokyo

하라주쿠와 오모테산도 중간에 위치한 쉼터 같은 카페로, 내부는 조금 작지만 조용하게 쉬다 갈 수 있는 공간이에요. 사실 방문하기 전에는 특별할 게 없어 보였는데, 2017년부터 리뷰가 있는 것을 보고 '작지만 강한 곳이겠구나'라는 생각에 방문하게 됐어요.

커피뿐만 아니라 수제 구움과자, 그래놀라도 판매하고 있었는데, 디저트 중에서는 특히 커스터드 푸딩이 맛있다고 해서 먹어 봤어요. 너무 묵직하지도, 너무 가볍지도 않은 딱 적당한 질감에 적당한 단맛이 좋았고, 바닐라 아이스크림과 같이 먹어서 더 맛있었어요. 누구나 좋아할 것 같은 맛입니다!

시즌마다 색다른 맛으로 제공되는 파르페도 특별한 메뉴라 추천해요. 저는 캐러멜 소스&비스코티 파르페를 먹었는데, 비스코티가 정말 맛있었어요. 커피 셔벗&바닐라 아이스크림 메뉴는 고급스러운 더위 사냥 맛이라 색다른 여름 별미였어요.

Comment
고소한 카페라테

귀여운 소라마 커피

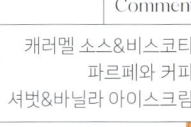
Comment
캐러멜 소스&비스코티 파르페와 커피 셔벗&바닐라 아이스크림

⑨ 다양한 맛의 아이스크림 쿠키 샌드 　　　　　　　　아오야마

CBC
Coffee Beef Carnevale

- Add: 107-0062 Tokyo, Minato city, Minamiaoyama, 5 Chome-11-24 南青山グレイセスB1F
- Open: 08:00~23:00
- Close: 없음

한국에서는 흔히 찾을 수 없는 아이스 산도アイスサンド가 대표 디저트예요. 일본에서는 아이스크림 쿠키 샌드를 아이스 산도라고 부르는데, 다양한 맛이 준비돼 있어 취향에 따라 골라 먹을 수 있답니다. 저는 피스타치오 맛과 캐러멜 너츠 맛 샌드를 먹었는데, 생각보다 잘 녹지 않아서 먹을 때 크게 불편하지 않았어요. 쿠키는 바삭 단단한 식감이어서 수저를 같이 주지만, 손으로 잡고 베어 먹는 게 편하더라고요.

커피 맛집으로도 유명한데, 아침 8시부터 11시까지는 500엔 하는 오늘의 커피를 할인된 가격인 300엔에 판매하여 부담 없이 즐길 수 있어요. 카페라테도 진하고 고소해서, 라테를 좋아하는 분이라면 꼭 드셔 보세요!

Comment
얼리버드 할인의
오늘의 커피

Comment
카페라테와 캐러멜 너츠
아이스 샌드

⑩ 고급스러운 비주얼의 푸딩 맛집　　　　신주쿠

츠바사 커피
TSUBASA COFFEE

- **Add** 160-0022 Tokyo, Shinjuku city, Shinjuku, 1 Chome-15-12 千寿ビル1F
- **Open** 월, 화, 목, 금 08:30~18:00 / 수 09:30~18:00 / 주말 08:00~18:00
- **Close** 없음
- **Instagram** tsubasa_coffee

신주쿠 공원 근처에서 예쁜 디저트를 찾는다면 이곳을 추천! 가장 유명한 디저트는 파르페와 푸딩이에요.
저는 2월 시즌 기간 한정의 초콜릿 푸딩과 피스타치오 아이스크림을 얹은 플레인 푸딩, 카페라테를 맛봤는데 피스타치오 아이스크림과 플레인 푸딩도 맛있었지만, 진하고 묵직한 질감의 초코 푸딩에 베리 퓌레를 부어서 같이 먹는 게 정말 색달라서 좋았어요.
시즌마다 디저트가 바뀌어서 원하는 디저트 시즌에 방문하는 것은 어렵지만, 매 시즌 메뉴가 다 맛있다는 평이에요. 샌드위치와 빵 플레이트 등 식사 메뉴도 갖춰져 있어 간단한 식사를 하기에도 좋은 브런치 맛집이기도 합니다.

Comment
베리 퓌레를 부어서 먹는 초코 푸딩

Comment
피스타치오 아이스크림과 플레인 푸딩

Comment
카페라테

11 예약해야만 먹을 수 있는 딸기 파이 맛집   니시오기쿠보

그레이스
Grace

Add	3 Chome-16-6 Nishiogiminami, Suginami city, Tokyo 167-0053
Open	11:00~19:00
Close=	일요일

딸기 파이가 정말 맛있는 티룸 카페로, 홍차 전문점답게 차 종류가 정말 다양해요. 그리고 예쁜 티팟에 제공되어 맛보기 전부터 기분이 좋아져요.

케이크 종류도 골고루 인기 있지만, 가장 유명한 딸기 파이는 반드시 전화 예약을 해야만 먹을 수 있어요. 가능하면 며칠 전에 여유 있게 예약하는 걸 추천해요. 딸기 파이는 다른 케이크에 비해 크기가 1.5배는 되는 넉넉한 양에, 비주얼도 예뻐요. 파이지는 얇고 바삭바삭하면서 달달하고, 필링인 딸기 콩포트도 정말 맛있어요. 조금 묽은 생크림도 느끼하지 않아서 맛있게 싹싹 긁어 먹었답니다. 지금까지 먹어 본 적 없던 색다른 딸기 파이였어요. 또 다른 인기 메뉴인 단호박 타르트와 레어 치즈케이크도 맛보았는데, 딸기 파이가 가장 맛있었답니다.

Comment
가장 유명한 딸기 파이

Comment
홍차 전문점 그레이스

Comment
레어 치즈 케이크와 단호박 타르트

⑫ 일본 문학을 함께 느낄 수 있는 곳   고마바

분단 커피 앤 비어
BUNDAN Coffee & Beer

- Add   153-0041 Tokyo, Meguro city, Komaba, 4 Chome-3-55 日本近代文学館内
- Open 09:30~16:20
- Close 일요일, 월요일

Café

도쿄 일본 근대 문학관 안에 있는 카페로, 공원 안쪽에 위치해
가는 길이 어려울 수 있지만 일부러 찾아갈 만큼 가치가
있는 공간이에요. 실내 공간은 도서관 같은 느낌이어서,
책을 좋아한다면 혼자 방문해서 커피 마시며 책을 읽기에
안성맞춤이에요. 또 야외 공간은 공원이 보여서 가만히
경치를 감상하기도 좋고요. 조용하고 한적한 시간을 보내고
싶다면 딱인 곳이에요.
드립 커피도 유명하고, 특히 스콘이 정말 맛있어요.
따끈따끈한 스콘에, 발라 먹을 스프레드도 선택할 수 있어요.
저는 허니 너츠와 생크림을 골랐는데 궁합이 좋았답니다.
디저트 메뉴도 유명하지만 식사 메뉴도 다양해서, 맥주
한잔과 함께 즐기는 분도 많아요. 취향에 맞게 즐겨 보세요.

Comment
스콘과 함께
제공되는 허니
너츠와 생크림

Comment
조용하고 고즈넉한
카페 분위기

⑬ 단호박 덕후를 위한 디저트 숍　　　산겐자야

카보차
kabocha

Add	1 Chome-7-1 Wakabayashi, Setagaya city, Tokyo 154-0023
Open	10:00~19:00
Close	월요일, 화요일
Instagram	kabocha2_38_10

온전히 단호박 덕후를 위한 카페를 소개할게요. 카페 이름인 카보차ヵボチャ는 일본어로 호박이라는 뜻이에요. 그만큼 이곳은 단호박 디저트만을 전문으로 파는 곳으로, 단호박 케이크, 단호박 빵, 단호박 빙수, 단호박 수프 등 다양한 단호박 디저트를 판매해요. 그뿐 아니라 카눌레, 파운드, 베이글, 추로스, 도라야키, 푸딩 등 웬만한 디저트 종류는 거의 다 있다는 게 엄청난 메리트예요. 단호박 빙수나 수프 등 시즌 메뉴를 제외한 메뉴는 언제나 즐길 수 있습니다. 단호박 본연의 맛이 진한 케이크들과 추로스, 파르페, 에이드 전부 색다른 매력이 있고, 맛뿐만 아니라 귀여운 비주얼에 눈과 입이 모두 즐거웠어요. 여름에 방문한다면 인기 메뉴인 단호박 빙수도 같이 즐겨 보세요.

> **Comment**
> 콘셉트부터 특별하고 남다른 단호박 디저트 전문 카페

> **Comment**
> 다양한 단호박 케이크들

⑭ 전차 뷰와 함께 맛있는 디저트 타임 하타노다이

칠링 커피 앤 베이크
Chilling Coffee&Bake

- Add: 142-0064 Tokyo, Shinagawa city, Hatanodai, 5 Chome-6-10 YG フラッグ1F
- Open: 10:00~17:00
- Close: 월요일, 화요일
- Instagram: chilling_coffeeandbake

사장님이 친절하셔서 늘 편하게 머무는 곳. 테이블 3~4석 정도가 전부인 아담한 공간이라 포장 손님도 많은데, 창가 자리에 앉아 있다 보면 바로 앞에 선로가 있어 열차가 지나가는 풍경을 볼 수 있는 곳입니다.

스콘, 쿠키, 케이크, 푸딩 등의 메뉴는 늘 접할 수 있고, 기간 한정으로 시즌 디저트도 판매하는데 흔히 볼 수 없던 스타일이어서 놀랄 때가 많았어요.

대표 디저트는 빅토리아 케이크로, 여러 맛이 출시되고 있습니다. 모카(커피맛) 케이크를 그다지 좋아하지 않는 편인데도, 커피 월넛 맛 빅토리아 케이크는 지금까지 경험한 커피 케이크 중 가장 맛있었어요.

특별했던 메뉴는 시즌 디저트인 초콜릿 무스 파르페! 초콜릿 무스와 아이스크림, 견과류 등을 구성한 메뉴로, 흔히 아는 파르페 스타일은 아니지만 새롭고, 조합이 훌륭한 디저트였답니다.

또 음료 가격이 저렴한 편인데도 아메리카노, 라테 전부 가격 이상의 맛이었어요. 커피와 디저트 맛집으로 추천합니다.

Comment
디저트 쇼케이스

Comment
초콜릿 무스 파르페와 따뜻한 라테

Comment
커피 월넛 케이크

Comment
빅토리아 케이크

⑮ 전 세계에 단 세 곳만 있는 카페 사사즈카

메노티스 도쿄
Menotti's Tokyo

- Add: Maison Kitazawa5 Chome-37-11 Kitazawa, Setagaya City, Tokyo 155-0031
- Open: 평일 08:00~19:30 / 주말 08:00~18:00
- Close: 인스타그램에 월별 공지(보통은 월, 화요일 휴무)
- Instagram: menottis_tokyo

현재까지 전 세계에 단 세 곳, 베니스(이탈리아), 컬버 시티(미국) 그리고 도쿄에만 있는 카페랍니다. 그래서인지 확실히 일본 같지 않은 이국적인 느낌도 들어요.

인기 메뉴는 토스트로, 산미가 있는 캉파뉴를 사용한다는 게 포인트예요. 아이스크림 라테에 올라가는 우유 맛 아이스크림을 포함해, 이곳에서 판매하는 아이스크림은 전부 수제인데다, 단품 메뉴는 시즌별로 맛이 바뀌어서 더 인기 있다고 해요.

저는 피넛 버터 딸기잼 토스트와 치즈 토스트를 주문했는데, 커피 메뉴는 비건 옵션을 선택할 수 있어요.

2인 테이블 자리가 하나, 나머지는 간단하게 먹고 가기 좋은 작은 테이블이 놓인 자리뿐이어서 주로 음료를 테이크아웃하거나 혼자 오는 분이 대부분이에요.

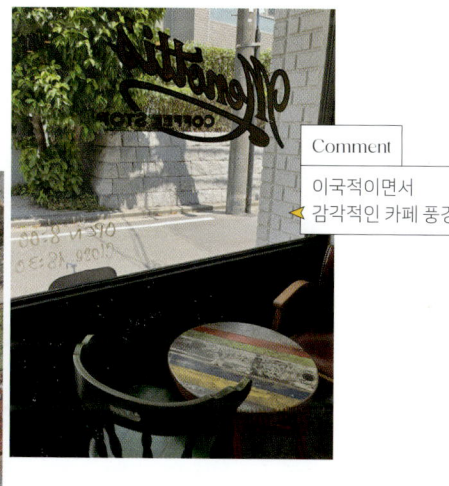

Comment
이국적이면서 감각적인 카페 풍경

Comment
치즈 토스트와 아이스크림 라테, 연유 라테

⑯ 도쿄 사진 미술관 속 작품 같은 디저트   에비스

카페 프롬 톱
Cafe From Top

📍 Add	153-0062 Tokyo, Meguro city, Mita, 1 Chome-13-3 恵比寿ガーデンプレイス内
🕙 Open	10:00~18:00 / 수요일, 목요일 10:00~20:00
❌ Close	월요일
📷 Instagram	cafefromtop

에비스 가든 플레이스 내 사진 미술관의 병설 카페로, 미술관 이용을 하지 않아도 들를 수 있어 인기가 많아요. 미술관과 어울리는 차분한 분위기의 숨은 명소랍니다.

시그니처 디저트는 푸딩으로, 계절별로 다양한 시즌 메뉴가 있는데 계절마다 과일 토핑이 바뀌는 게 특징이에요. 저는 딸기 푸딩과 자색 고구마 스콘 샌드를 먹었는데, 플레이팅부터 예뻐서 음식을 받자마자 기분이 좋았어요. 또 흔히 볼 수 없는 자색 고구마 스콘 샌드는 자색 고구마 크림 안에 우유 맛 셔벗 아이스크림이 들어 있어 더욱 만족감이 컸습니다.

야외 테라스 좌석도 마련되어 있는데, 날씨가 좋은 날에는 야외에 앉아 즐기면 더 좋아요. 여행 중 도쿄 사진 미술관에 방문할 계획이 있다면 더할 나위 없이 추천하는 카페예요.

Comment
자색 고구마 스콘 샌드와 딸기 푸딩

17 맛있는 사이폰 커피와 크림 푸딩   미타카

닝스 커피
Ning's Coffee

◎ Add	180-0006 Tokyo, Musashino, Nakacho, 3 Chome-3-1 グランバリュー武蔵野三鷹1F
◎ Open	10:00~19:00
◎ Close	금요일, 토요일

사이폰 커피를 내려 주는 카페로 유명합니다. 로스터리 카페(원두를 직접 볶고 갈아 커피를 만드는 카페)인 만큼, 주문할 때 원두를 고를 수 있는데 중국, 인도네시아, 탄자니아, 콜롬비아, 에티오피아, 브라질, 디카페인, 오리지널 블렌드까지 다양했어요. 도쿄에서 마셔 본 드립 커피 중 손에 꼽는 곳으로, 커피 맛이 깔끔하고 진해서 만족스러웠어요.

커피뿐 아니라 푸딩도 인기 메뉴인데, 이곳만의 특별한 점은 바로 크림이에요. 100엔을 추가하면 푸딩 위에 크림을 듬뿍 올려 주는데 그 비주얼이 흔치 않아서 정말 인상 깊었어요. 또 크림 양이 많은 편인데 느끼하지 않았고요. 차분한 분위기에 편하게 머물다 갈 수 있어서 더 마음에 들었던 카페였답니다.

Comment
깔끔하고 진한 드립 커피

Comment
다양한 원두가 유명한 닝스 커피

⑱ 호지차 디저트에 빠지다   시바

리트 커피 앤 티 스탠드
LIT COFFEE & TEA STAND

Add	105-0014 Tokyo, Minato city, Shiba, 2 Chome-15-15 ラディーチェ芝1F
Open	08:00~18:00
Close	없음
Instagram	lit_coffeeandtea.stand

도쿄 타워가 보이는 시바 공원 근처의 수제 디저트 카페입니다. 이곳은 시즌마다 메뉴가 바뀌니 방문하기 전에 어떤 디저트가 나오는지 확인하는 게 좋아요.

저는 호지차 시즌에 방문했는데요, 호지차 푸딩, 호지차 빅토리아 케이크를 먹고 호지차에 빠져 버리게 되었답니다. 호지차 라테는 시즌과 상관없이 판매하고 있으니 꼭 마셔 보세요. 물론 카페라테와 말차 라테도 정말 인기가 많아서 취향에 따라 고르면 됩니다.

묵직하고 꾸덕한 빅토리아 케이크와 어디서도 맛보지 못한 차이티 맛이 조합된 호지차 푸딩도 특별한 맛이었어요.

커피도, 디저트도 좋지만 샌드위치도 인기 메뉴이니, 혹시 원하는 디저트가 없다고 해도 아쉬워하지 말고 샌드위치와 세트로 먹는 것도 좋은 선택일 거예요!

Comment
호지차 푸딩과 호지차 빅토리아 케이크

Comment
호지차 라테

⑲ 갓 튀겨 주는 인생 키나코 도넛   오모테산도

히구마 도넛×커피 라이츠
Higuma Doughnuts×Coffee Wrights

Add	150-0001 Tokyo, Shibuya city, Jingumae, 4 Chome-9-13 ミナガワビレッジ#5
Open	11:00~18:00
Close	수요일

불곰이라는 뜻의 '히구마' 카페와 커피 만드는 사람이라는 뜻의 '커피 라이츠'의 콜라보 매장! 히구마 도넛 본점은 메구로에, 커피 라이츠는 구라마에와 산겐자야에 있어요. 특별하게 오모테산도점에 있는 히구마 도넛×커피 라이츠는 두 브랜드를 같이 즐길 수 있어서 가장 인기가 많아요.

히구마 도넛은 일반적인 도넛과는 조금 다른 스타일인데, 맛도 맛이지만 똑같이 튀긴 도넛인데도 훨씬 가볍고 폭신한 식감이에요. 기간 한정으로 시즌 도넛도 나오는데, 가장 추천하는 도넛은 키나코(きな粉, 콩고물) 도넛! 갓 튀긴 도넛에 콩고물을 듬뿍 묻혀, 인절미 맛을 좋아한다면 실망하지 않을 거예요! 따뜻한 상태로 제공되어서 더 맛있게 느껴지고, 여러 번 먹어도 질리지 않는 맛이에요.

더운 날에 추천하는 메뉴는 아이스 도넛입니다. 소프트아이스크림에 도넛을 올린 메뉴로, 추가 금액을 내면 도넛 종류는 변경할 수 있어요. 카페 공간이 예쁘고 야외에도 자리가 있어서 화창한 날에 머무르면 더 좋아요. 오모테산도에서 편히 쉴 수 있는 카페로 추천할게요.

Comment
벚꽃 시즌에 볼 수 있는 카페 뷰

Comment
도넛이 만들어지는 공간

Comment
아이스크림 도넛

⑳ 푸딩과 도넛의 신기한 조합 시모키타자와

킷사 레이
Kissa Ray

Add	155-0031 Tokyo, Setagaya city, Kitazawa, 3 Chome-20-13 フローラ松美1F
Open	11:00~21:00
Close	목요일
Instagram	kissa_ray

도넛 위에 푸딩을 올린 신기하고 특별한 디저트를 파는 곳이에요. 푸딩과 도넛을 합친 메뉴는 처음 봐서 신세계였어요. 미야자키현의 달걀을 사용하여, 일반적인 푸딩보다 더 진한 주황색을 띠어요. 푸딩에 도넛까지 올리다니, 엄청 달 것 같은데 의외로 많이 달지 않아요. 푸딩과 도넛을 함께 먹기는 힘들지만, 이렇게도 먹을 수 있구나 싶었던 재미있는 카페였답니다.

음료는 플랫 화이트Flat white와 플레이버라테Flavor latte를 추천해요. 플레이버라테는 시럽을 넣은 라테로, 고급스럽게 달달한 맛이라 너무 맛있어서 플랫 화이트까지 바로 주문해서 마셨던 기억이 나요. 커피를 못 마신다면 또 다른 인기 음료인 메론 소다도 추천합니다!

Comment
플랫 화이트와 달콤한 플레이버라테

Comment
진한 주황색을 띠는 도넛의 푸딩

㉑ 아침부터 활기찬 동네 사랑방 고마바토다이마에

그랫브라운 로스트 앤 베이크
GRATBROWN Roast and Bake

- Add: 2 Chome-9-2 Komaba, Meguro city, Tokyo 153-0041
- Open: 08:00~17:00
- Close: 수요일, 목요일
- Instagram: gratbrown_tokyo

커피와 베이커리 메뉴가 모두 맛있어서 현지 주민들의 사랑방 같은 곳이에요. 저도 꽤 여러 번 방문했을 정도인데, 갈 때마다 단골손님이 정말 많다고 느꼈어요.

이곳은 스콘이 가장 맛있는 것 같아요. 아침으로 라테와 스콘을 먹었던 날이 있는데, 갓 나온 스콘의 맛을 아직도 잊지 못해요. 직접 베이킹하는데, 가끔 스페셜 메뉴를 만들 때는 인스타그램 스토리에 공지해 주고 DM은 받지 않고 전화로만 디저트 예약이 가능해요. 피스타치오 케이크, 펌킨 파이 등 디저트 메뉴도 다양하고, 골고루 다 맛있어요.

여름 추천 메뉴인 바닐라빈 아이스크림이 올라간 아이스 라테 맛도 잊을 수 없어요. 샌드위치와 커피로 간단히 식사하기에도 좋은 곳이랍니다.

Comment
아이스크림 라테

Comment
아이스 커피와 함께 즐기는 펌킨 파이, 스콘

㉒ 일본 최초의 티 브랜드 전문점   오모테산도

차베티
CHAVATY

Add	150-0001 Tokyo, Shibuya city, Jingumae, 4 Chome-6-9 南原宿ビル1階
Open	10:00~20:00
Close	없음
Instagram	chavaty_japan

Comment
티&스콘 세트

일본 최초의 티 브랜드로 밀크티, 스콘, 크레이프, 티 소프트아이스크림 등을 판매하는 카페입니다. 커피를 못 마시는 분들을 위한 카페로 추천해요.
'우바Uva 티 라테'가 대표 티 메뉴인데, 따뜻한 우바 티 라테는 우유 거품과 함께 꿀을 뿌려 주는 게 특별했고, 아이스 티 라테는 500ml 유리병에 담겨 나와서 컵에 직접 따라 마실 수 있어서 좋았어요. 양도 넉넉했고요. 티&스콘 세트로 시키면 스프레드(빵에 발라 먹는 크림)를 고를 수 있는데, 저는 시즌 스프레드인 피스타치오&허니 너츠를 골랐어요. 따뜻한 스콘에, 두 가지 스프레드를 같이 먹으면 더 맛있어요.
딸기가 주재료였던 크레이프는 쫀득한 식감에 크림과 퓌레(과일을 갈아서 걸쭉하게 만든 음식)의 조합도 좋았고, 소프트아이스크림은 시즌별로 맛이 다르게 출시돼요. 저는 호지차 아이스크림을 먹어 봤는데, 호지차가 일본에서는 말차만큼 유명하고 흔한 맛이라 평소 궁금했다면 한번 시도해 보세요!

Comment
대표 인기 메뉴 🍓 허니인 프레이즈 비주

Comment
호지차 소프트아이스크림

Comment
따뜻한 우바 티 라테

㉓ **수제 초콜릿 디저트 전문점**   니혼바시

틸
teal

- Add: 103-0026 Tokyo, Chuo city, Nihonbashikabutocho, 1-10 1階
- Open: 11:00~18:00
- Close: 수요일

수제 아이스크림, 젤라토, 초콜릿 디저트 전문점으로, 근처에 위치한 'Pâtisserie ease' 계열의 베이커리예요.
이곳의 가장 유명한 디저트는 계절 과일을 이용한 시즌 파르페입니다. 저는 딸기 시즌에 방문해서 딸기 초콜릿 파르페와 초콜릿 푸딩을 먹어 봤어요. 가격대는 높은 편이지만, 흔히 볼 수 없는 조합과 수준 높은 맛에 초콜릿을 좋아하는 분들에게 추천해요! 시그니처 초콜릿 푸딩도 진한 초코의 맛을 느낄 수 있어 좋았어요.
이곳은 외관부터 남다른 분위기를 풍기는데, 카페 이용 시간이 45분으로 짧은 게 단점이기는 합니다. 그러나 테이블 수가 많지 않은데 인기가 많은 곳이라서 어쩔 수 없는 부분인 것 같아요. 카페 공간을 이용하기보다는 디저트를 먹는 목적으로 가야 하는 곳이에요.

Comment
시즌 메뉴인 딸기 초콜릿 파르페

Comment
수제 젤라토를 얹은 시그니처 초콜릿 푸딩

㉔ 색다른 비주얼의 커피 젤리와 프렌치토스트 센다가야

타스 야드
Tas yard

- Add: 3 Chome-3-14 Sendagaya, Shibuya city, Tokyo 151-0051
- Open: 평일 11:30~18:00 / 주말 11:30~19:00
- Close: 없음

겉이 코팅된 캔디드 프렌치토스트 맛집이에요. 엄청 달아 보이지만 생각보다 달지 않고, 토스트 속이 촉촉해서 정말 맛있게 먹었어요. 원래는 토스트 위에 바나나 토핑이 올라가는데, 저는 바나나 토핑을 빼고 휘핑크림을 추가해 먹었답니다.
카페오레에는 흔치 않게 생크림을 올려 주는데, 한국에서 자주 접할 수 있는 크림라테나 아인슈페너가 연상되는 커피였어요.
또 하나의 시그니처 메뉴는 바로 커피 젤리랍니다. 흔히 파는 커피 젤리 형태가 아닌, 마치 수프 같은 비주얼에 "이게 커피 젤리라고?" 할 만큼 독특한 플레이팅이 눈길을 끌어요. 커피 젤리는 커피 맛이 진해서 생크림과 시럽을 함께 곁들여 먹는 게 좋고, 시럽을 뿌리면 생기는 마블링 비주얼도 정말 예쁘답니다.
여러 음식을 파는 카페로, 식사 메뉴가 맛있기로도 유명해요! 특히 카레가 인기 많으니 식사를 하고 싶은 분에게 추천해요.

◁ Comment
수프 같은 비주얼의 커피 젤리

Comment
아이스 카페오레 ▷

㉕ 빵모닝에 딱! 오믈렛 샌드위치 맛집　　　　　메구로

레 주도 베베
les joues de BeBe

- Add　153-0063 Tokyo, Meguro city, Meguro, 1 Chome-3-15 リードシー目黒ウェストビル1F
- Open　08:00~20:00
- Close　없음

달걀 덕후라면 주목! 오믈렛 샌드위치가 맛있는 베이커리 카페예요. 오믈렛이 진한 주황색을 띄고 두툼한데 따끈따끈해서 정말 맛있어요. 버터 풍미가 진한 달걀 샌드위치를 좋아한다면 절대 실망하지 않을 맛이랍니다!

모닝 메뉴와 런치 메뉴가 다르다는 점도 매력적이고, 빵 종류도 다양해요. 특히 햄 치즈 토스트에는 치즈가 듬뿍 들어가서 맛이 없을 수 없어요. 앙버터 토스트도 인기 메뉴입니다. 매장에서 먹고 가는 손님도 많지만, 포장해 가는 손님도 정말 많아요. 인기 메뉴 1위는 bebe빵, 2위 멜론빵, 3위 얼그레이 화이트 초코(그때그때 순위는 바뀔 수 있어요), 그 외에 각종 샌드위치, 피스타치오 크림빵 등도 인기가 많아요. 메구로에서 빵모닝 하고 싶다면 꼭 들러 보세요!

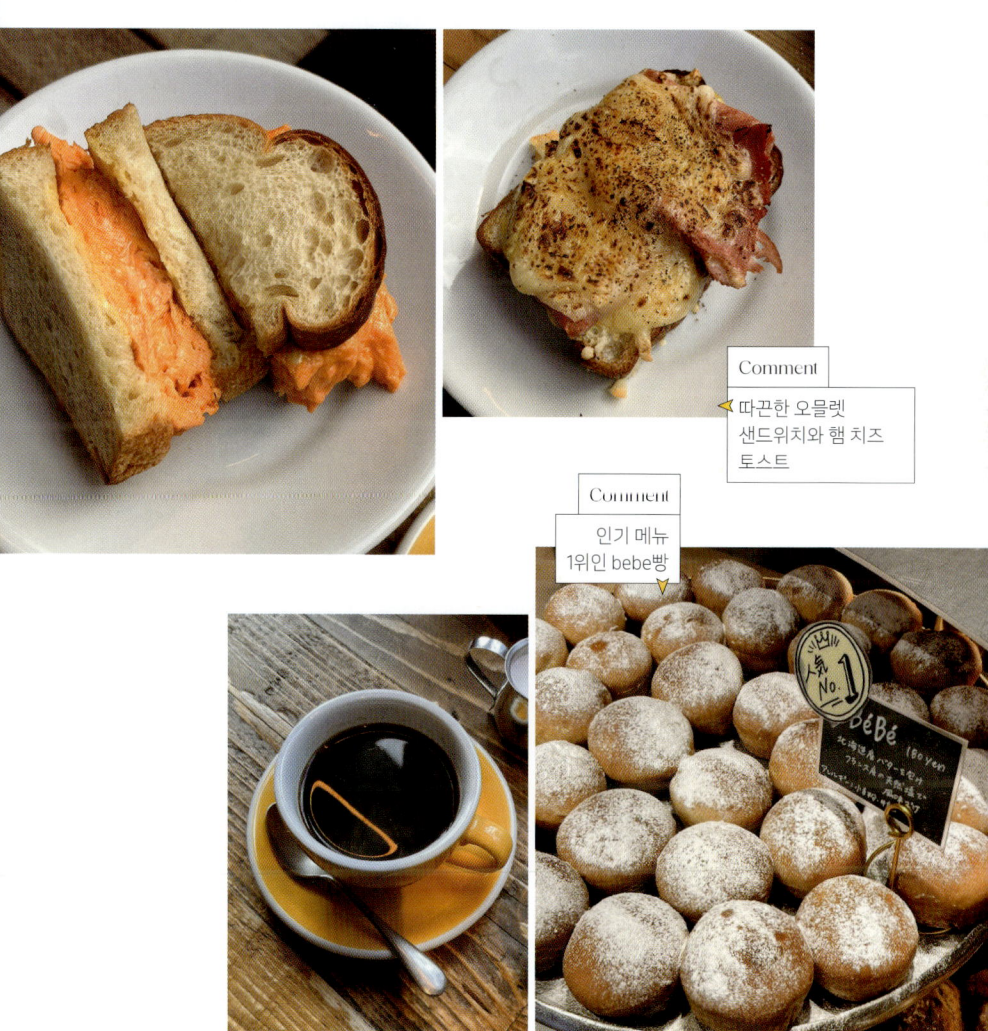

Comment
따끈한 오믈렛 샌드위치와 햄 치즈 토스트

Comment
인기 메뉴 1위인 bebe빵

㉖ 현지 인기 No.1 키슈 플레이트   미나미아오야마

부이크
Buik

Add	4 Chome-26-12 Minamiaoyama, Minato city, Tokyo 107-0062
Open	12:00~17:30
Close	일요일, 월요일

매주 바뀌는 키슈 플레이트와 디저트로 오래 사랑받고 있는 카페예요. 반지하에 아늑하게 자리해 일본 특유의 감성이 잘 느껴지는 공간으로, 그 주의 키슈는 인스타그램에 공지해 줍니다. 저는 고구마 키슈를 먹었는데, 가격대는 조금 높은 편이어도 샐러드 구성이 좋고 큼지막한 키슈를 따뜻하게 구워 줘서 맛있게 먹었어요.

스콘, 당근 케이크, 파이, 빅토리아 케이크 등 일본에서 인기 많은 디저트도 골고루 있어요. 이곳 케이크는 전체적으로 부드럽고 가벼운 스타일이라, 저처럼 묵직하고 진한 디저트를 좋아하는 분들에겐 아쉬울 수도 있어요. 그래서 디저트 중에서는 스콘이 가장 맛있었는데, 플레인 스콘을 고르면 클로티드 크림과 함께 잼(혹은 꿀)을 선택해서 먹을 수 있어요.

또 기억에 남는 것은 사발에 담긴 카페오레예요. 일본에서는 카페오레를 이렇게 내 주는 카페가 꽤 많은데, 일본만의 특별함이 느껴져서 사발 라테가 있으면 꼭 시켜 보는 편이에요. 이곳은 4년 전부터 저장해 둔 곳인데, 지금까지도 웨이팅이 길 정도로 인기가 많아 조금 놀랐답니다.

Comment
다양한 디저트를 판매하는 부이크

Comment
키슈 플레이트 그리고 갸토 바스크와 애플 파이

Comment
스콘과 사발에 담긴 카페오레

Comment
당근 케이크

② 소박한 프랑스 가정식 플레이트   유텐지

패디부스 잠부스
pedibus jambus

🟡 Add	2 Chome-15-8 Yutenji, Meguro city, Tokyo 153-0052
🟡 Open	10:00~17:00
🟡 Close	없음(비정기적 휴무 인스타그램에 공지)

프랑스 가정식 요리를 파는 브런치 카페로, 사장님 혼자서 운영하고 계세요. 가장 유명한 브런치 메뉴는 수프와 치즈빵으로, 심플하고 소박한 느낌과 빈티지한 플레이트가 정말 잘 어울려요. 토스트한 빵에 치즈가 듬뿍 올라가 맛이 없을 수 없어요. 수프는 다섯 종류 정도 판매해요. 제가 먹어 본 것은 호박 수프와 고구마 수프로, 프랑스식이라 그런지 확실히 한국에서 흔히 먹던 진하고 걸쭉한 수프가 아닌 묽고 새로운 스타일이었어요. 맛도 중요하지만, 이런 아늑한 분위기를 좋아하는 분에게 추천해요!

Comment
패디부스 잠부스의 카페 외관

Comment
빈티지한 식기

Comment
묽고 새로운 맛의 호박 수프

(28) 도쿄 베스트 스콘 맛집 니혼바시바쿠로쵸

브릿지 커피 앤 아이스크림
Bridge COFFEE & ICECREAM

- Add: 103-0002 Tokyo, Chuo city, Nihonbashibakurocho, 1 Chome-13-9 イーグルビル1F
- Open: 평일 08:00~19:00 / 주말 09:00~19:00
- Close: 없음
- Instagram: cafe.bridge

제가 정말 좋아하는 아이스크림, 스콘 맛집이에요. 브라우니, 케이크 등 다양한 종류의 디저트를 판매하는 곳이지만, 가장 추천하는 메뉴는 스콘입니다. 두툼하고 큼지막한데, 묵직하고 바삭한 식감까지! 플레인 스콘, 초코 스콘, 무화과 스콘, 초코칩 월넛 스콘… 전부 다 맛있어서 베스트를 고를 수 없어요.
아이스크림도 종류도 다양한데, 마론(밤)과 피스타치오를 가장 추천하고, 아이스 라테에 아이스크림을 올린 커피도 맛있어요. 공간이 아늑하고 따뜻한 느낌이어서, 편하게 쉴 수 있는 분위기로 단골손님이 많아 보였고, 저 역시 집에서 멀지만 자주 찾아간 곳이랍니다.
근처를 여행하다 잠시 쉬고 싶을 때 방문해 보면 좋을 것 같아요. 스콘이랑 아이스크림을 좋아하는 분이라면 더더욱이요.

Comment
아이스크림 라테와 매주 랜덤으로 바뀌는 스콘 종류

Comment
감각적인 카페 분위기와 다양한 디저트들

㉙ 초콜릿 무스 유행의 원조 히비야

부베트 도쿄
BUVETTE TOKYO

- Add: 100-0006 Tokyo, Chiyoda city, Yurakucho, 1 Chome-1-2 1F
- Open: 평일 11:00~22:00 / 주말 09:00~22:00
- Close: 없음

뉴욕, 파리 등 전 세계에 여섯 개 지점이 있는 부베트 도쿄점이에요. 도쿄는 세계에서 세 번째 지점이고, 서울은 여섯 번째 지점인데, 한국에서 초콜릿 무스 붐을 일으켰던 원조 카페이기도 합니다. 부베트 브랜드를 각 나라별로 느껴 보는 것도 좋은 경험일 것 같아요.

브런치 메뉴도 예쁘고 맛있어서 꾸준히 사랑받고 있는데, 디저트 메뉴 중에서는 초콜릿 무스가 가장 유명하지만 크렘브륄레, 타르트 타틴도 인기가 많아요. 초콜릿 무스는 정말 달아서, 초코 디저트를 좋아하는 분에게만 추천해요. 초콜릿을 안 좋아한다면 크렘브륄레를 추천하고 싶은데, 럼(술의 일종) 맛이 진한 편이에요. 럼 디저트를 별로 안 좋아하는데도, 매력 있고 맛있었어요. 같이 내 주는 크리스피 과자도 기대 이상이었고요.

부베트의 브런치 양은 전체적으로 좀 적은 편이라 디저트를 먹는 게 당연시되는 느낌인데, 오히려 골고루 먹어 볼 수 있으니 좋다고 생각해요.

실내 공간도, 야외 테라스 석도 있으니 좋아하는 분위기로 즐겨 보세요.

Comment
다양한 메뉴의 부베트 도쿄

Comment
부베트 도쿄의 외관

Comment
초콜릿 무스를 한 스푼 올린 크렘브륄레

⑳ 프렌치토스트와 치즈 가츠 샌드를 같이 먹고 싶다면   시부야

도쿄 켄쿄
Tokyo Kenkyo

- Add: 150-0036 Tokyo, Shibuya city, Nanpeidaicho, 7-9 2F
- Open: 08:00~17:30
- Close: 월요일
- Instagram: kenkyo_nanpeidai

아침에도 프렌치토스트와 치즈 가츠 샌드를 먹을 수 있는 곳! 2018년 도쿄에 여행 갔을 때 여기서 치즈 히레카츠 샌드 처음 먹었는데 부드러운 모차렐라 치즈와 히레카츠의 맛에 반해 버렸어요. 최근에는 한국에서도 흔히 먹을 수 있는 음식이 되었지만, 당시에는 흔치 않았거든요. 가츠 샌드 양도 푸짐하고, 사이드로 나오는 짭짤한 감자튀김까지 두툼한 게 제 스타일이었어요.
예쁜 플레이팅의 프렌치토스트는 물렁하다고 느낄 만큼 속이 촉촉해서 호불호가 있을 수 있지만, 그만큼 입에서 살살 녹아요. 도쿄에서는 이런 스타일의 프렌치토스트가 대부분이라 새로운 스타일에 도전해 보는 것도 좋다고 생각해요. 그 밖에 추천 메뉴는 치즈 슈거 토스트인데, 치즈 토스트에 슈거 파우더를 뿌린 토스트로 심플하지만 맛있어요.
커피는 산미가 꽤 있어서, 산미를 좋아하지 않는다면 아메리카노보다 라테를 드시는 게 좋아요. 오므라이스, 나폴리탄 파스타, 카레, 주먹밥 등 일식 요리도 골고루 있으니 취향대로 골라 드세요.

Comment
슈거 파우더를 뿌린 치즈 토스트

Comment
펫 프렌들리 카페로 강아지 메뉴도 있어요

Comment
치즈 가츠 샌드와 프렌치토스트

③ 매일 아침 먹고 싶은 빵과 수프　　　　　　　　메구로

웰크
wellk

- Add　153-0062 Tokyo, Meguro city, Mita, 2 Chome-5-11 吉田ビル2F
- Open　평일 10:00~18:00 / 주말 08:30~17:00
- Close　월요일, 화요일

인기가 너무 많아서 미리미리 전화 예약을 해야 웨이팅 안 하고 편하게 먹을 수 있는 곳인데, 사실 여행자에게 전화 예약은 조금 힘들잖아요. 그럼에도 추천하는 이유는 이 카페의 감성도, 맛도 정말 좋아서 느껴 보셨으면 하는 마음에서예요.

브런치로 즐기기 좋은 샐러드, 수프, 빵. 정말 단순하고 흔한 메뉴이지만, 너무 맛있어서 다시 먹고 싶을 정도였어요. 특히 추운 겨울, 이곳의 따뜻한 빵과 수프는 아침으로 매일 먹고 싶은 맛이에요. 빵이나 스콘과 함께 제공되는 수제 캐러멜 소스도 정말 특별해요.

이곳의 디저트가 다 맛있지만, 특히 당근 케이크는 도쿄에서 먹어 본 것 중 제일 맛있었어요. 특히 바닐라 아이스크림과 생크림에 소금과 후추를 곁들여 먹었는데 특별한 조합이라 인상 깊었어요. 디저트, 식사 어떤 걸 먹어도 실패하는 일이 없는 카페일 거라고 생각합니다.

Comment
생크림, 캐러멜 소스를 발라 먹는 스콘

Comment
소금·후추·아이스크림의 특별한 조합, 당근 케이크

㉜ 사계절 시즌 디저트가 기대되는 곳

에키요코 베이크
Ekiyoko Bake

가마쿠라

Add	2 Chome-14-11 Hase, Kamakura, Kanagawa 248-0016
Open	10:00~17:00
Close	없음

유명한 카페 브랜드 카논 커피 KANNON COFFEE의
자매점으로, 스콘 샌드가 특히 유명해요. 고정 디저트
일부 외에는 시즌 디저트가 주력인 곳이라 시즌에
따라 디저트가 바뀌지만, 기본적으로 모든 메뉴가
맛있기 때문에 시즌 메뉴들도 맛있을 거라 생각해요.
저는 시즌 디저트인 체리 얼그레이 스콘 샌드와
고정 메뉴인 빅토리아 케이크, 커피 젤리 라테를
먹었는데 전부 맛있었어요. 얼그레이 맛이 진한
겉바속촉의 스콘도 맛있었고, 빅토리아 케이크
역시 묵직하고 꾸덕한 스타일이라 만족스러웠어요.
커피 젤리 라테는 아이스크림까지 더해져서 달달한
당 충전용으로도 최고였고요. 사계절 시즌 디저트
모두를 먹어 보고 싶은 곳 중 하나예요.

> Comment
> 다양한 시즌 디저트, 케이크와
> 스콘 샌드, 빅토리아 케이크

> Comment
> 바닐라
> 아이스크림이
> 올라간 커피 젤리
> 라테와 빅토리아
> 케이크, 체리
> 얼그레이 스콘 샌드

③ 가마쿠라 여행의 필수, 아이스 쿠키 샌드   가마쿠라

데일리 바이 롱 트랙 푸드
DAILY by LONG TRACK FOODS

- Add: 1 Chome-13-10 Komachi, Kamakura, Kanagawa 248-0006
- Open: 10:00~17:00
- Close: 월요일

도쿄 근교인 가마쿠라를 여행할 때 필수 코스로 꼽히는 유명한 곳입니다. 시장 안에 작게 자리하고 있는 이곳은 식료품 잡화점으로, 아메리칸 델리, 디저트, 잡화까지 판매하고 있어요. 가장 인기 있는 메뉴는 아이스크림 쿠키 샌드입니다. 저 역시 이 메뉴를 먹기 위해 이곳을 방문했어요. 다만 시즌 디저트이기 때문에, 여름부터 늦가을까지만 판매한다고 해요. 종류는 바닐라 맛, 마스카포네 딸기 맛, 딱 두 가지! 저는 바닐라빈이 듬뿍 들어간 바닐라 맛 아이스크림 쿠키 샌드를 먹었는데, 끝까지 눅눅함 없이 바삭하게 먹을 수 있는 쿠키에 아이스크림도 맛있어서 또 먹으러 와야겠다고 결심할 정도였답니다.

손님 대부분이 매장 앞에서 서서 먹고 가는데, 그 나름대로 색다른 매력이 있었어요. 케이크, 그래놀라, 쿠키도 많이 사 가더라고요. 아이스크림 쿠키 샌드를 구입하면 물티슈까지 같이 챙겨 주는 센스 있는 곳이랍니다.

Comment
다양한 식료품을 판매하고 있는 곳

Comment
하드바와 아이스크림 쿠키 샌드

Comment
인기 메뉴인 아이스크림 쿠키 샌드

2장에서 소개하는 베이커리는 이미 널리 알려진 유명한
곳도 있고, 현지인에게만 알려진 곳도 있어요. 그중
제가 정말 추천하는 맛집 위주로 선정해 보았답니다.

어떤 빵이 유명하고 맛있는지 추천하면서 숨겨진 맛집 등
다양한 베이커리를 전할 수 있도록 구성해 봤어요.

Bakery

2장. 베이커리

① 바삭한 페이스트리 장인의 맛집 세타가야

불랑제리 수도
Boulangerie Sudo

- Add: 4 Chome-3-14 Setagaya city, Tokyo 154-0017
- Open: 10:00~19:00
- Close: 일요일, 월요일, 화요일
- Instagram: hideo.sudo

세타가야구에서 가장 유명한 파티시에 베이커리로, 언제 가도 손님이 많아요. 가장 유명한 빵은 페이스트리(반죽을 얇게 펴고 버터로 코팅한 뒤 여러 층으로 접는 과정을 되풀이해 만드는 빵)이고, 그 밖에 카눌레, 구움과자, 스콘, 식사빵 등 다양한 빵을 맛볼 수 있어요.
페이스트리는 다음날 먹어도 눅눅하지 않겠다는 생각이 들 정도로 바삭했고, 카눌레의 토핑으로 올라간 마카롱까지 수준 높은 퀄리티여서 놀랐던 기억이 아직도 생생해요. 기본 페이스트리를 잘하는 곳이라 어떤 빵을 골라도 실패하지 않을 것 같다는 느낌이 들었답니다. 달달한 앙버터를 좋아한다면 허니 토스트 앙버터를, 고소한 견과류 맛을 좋아한다면 아망드를 추천해요.

Comment
허니 토스트에 홋카이도산 앙금과 버터를 샌드한 어른의 앙도넛

Comment
시즌 디저트인 마카롱 쇼콜라 프레이즈와 아망드

② 치즈 케이크 하나로 도쿄를 사로잡은 곳   요요기우에하라

이퀄
Equal

Add	2chome-26-16 Nishihara, Shibuya city, Tokyo 151-0066
Open	10:00~17:00(품절 시 마감)
Close	월요일, 화요일
Instagram	equal_pastryshop

이미 한국인에게도 유명한 카페 패스Path의 계열 제과점으로, 유명한 치즈 케이크 맛집이랍니다. 치즈 케이크, 슈크림, 타르트, 푸딩, 크룰러(Cruller, 꽈배기 도넛) 등 몇 가지의 디저트만 판매하는 테이크아웃 매장이라 규모가 작아서 한 팀씩 입장해야 해요.

대표 디저트인 치즈 케이크는 타르트지 위에 두 가지 치즈 크림 필링이 올라가 있어, 치즈 풍미가 진하면서도 부드러워요. 저는 앉은 자리에서 바로 두 개나 먹었는데도 더 먹고 싶어서 아쉬울 정도였어요.

바닐라빈 크림이 맛있었던 슈크림과 캐러멜 소스가 진하게 깔려 있는 푸딩도 인기 메뉴입니다. 시즌 메뉴로 계절 과일 타르트도 판매하는데, 저는 딸기 타르트를 먹어 봤어요. 고소한 타르트를 좋아하는 분이라면 분명 만족할 거예요!

Comment
No.1 인기 디저트 치즈케이크

Comment
푸딩과 슈크림

③ 한입에 먹기 어려울 정도로 푸짐한 베이글 샌드위치 진구마에

투르나주 진구마에
TOURNAGE Jingumae

- Add : 150-0001 Tokyo, Shibuya City, Jingumae, 2 Chome-15-15 岡山ビル
- Open : 10:00~19:00
- Close : 일요일

여기는 딱 베이글 샌드위치 맛집이에요. 기본 베이글과 베이글 샌드위치뿐 아니라 다양한 샌드위치와 비건 빵까지 판매하는데, 메뉴가 나오는 시간은 각각 달라요. 원하는 메뉴가 있다면 전화 예약을 했다가 원하는 시간에 사갈 수 있어요.

베이글도 매일 조금씩 다르게 나오고, 시즌 베이글 샌드위치 메뉴도 있어서 계절마다 다양한 베이글 샌드위치를 먹어 보는 재미도 있어요. 종류에 따라 샌드위치 크기가 너무 커서 먹기에 조금 불편할 수도 있지만, 한 번쯤은 이런 베이글 샌드위치를 즐겨 보세요.

플레인 베이글이 베이글 자체의 식감이 더 좋아요. 맛 종류도 다양하니 취향에 따라 골라 보세요.

Comment
투르나주에서 판매되는 다양한 종류의 베이글

Comment
보기만 해도 군침이 도는 베이글 샌드위치

④ 도쿄 대표 빵지 순례 성지　　　　　　　　　　　　오모테산도

아맘 다코탄
AMAM DACOTAN

- Add　　3 Chome-7-6 Kita-Aoyama, Minato City, Tokyo 107-0061
- Open　11:00~20:00
- Close　없음

시선을 사로잡는 예쁘고 독특한 빵들을 선보여 꾸준히 주목받고 있는 빵집! 현지인은 물론 외국인에게도 유명해서 늘 오픈 시간 전부터 웨이팅이 있는 찐 핫플레이스예요.
인기 메뉴인 식사빵 라인은 종류도 많고 고를 때 고민할 수밖에 없는 비주얼이에요. 빵의 구성과 조합도 좋아요. 디저트도 유명한데 특히 냉장 쇼케이스에 있는 크림빵을 추천해요. 다만 모든 빵이 오픈 시간에 바로 준비되는 것은 아니기 때문에, 크림 디저트를 사고 싶다면 오픈 직후보다는 조금 이후에 방문하는 게 좋아요.
이곳 빵은 당일 섭취를 추천해요. 다음날 먹으면 식감은 물론 전체적인 맛이 떨어져서, 그날 먹을 양만 구매해 최대한 빨리 먹는 게 베스트예요!

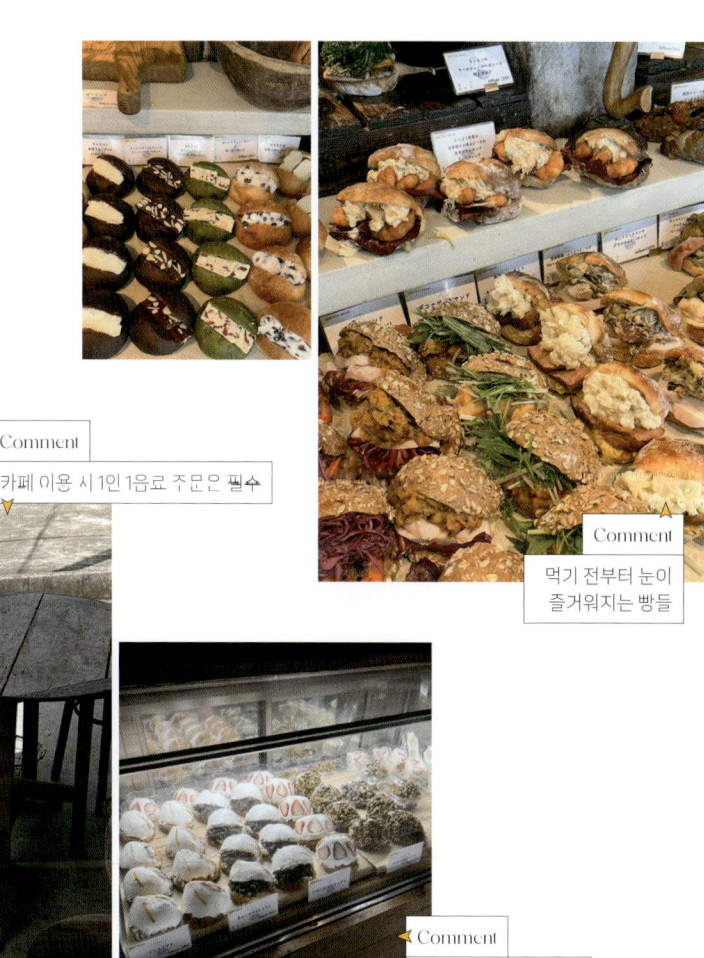

Comment
카페 이용 시 1인 1음료 주문은 필수

Comment
먹기 전부터 눈이 즐거워지는 빵들

Comment
냉장 크림빵 쇼케이스

⑤ 도쿄에서 핫한 도넛 가게   아오야마

라시누 도넛 앤 아이스크림
Racines Donut & Ice Cream

- Add   3 Chome-4-3 Kita-Aoyama, Minato city, Tokyo 107-0061
- Open   10:00~22:00
- Close 없음

일본의 유명 식품 브랜드인 라시누Racines에서 런칭한 도넛 전문점으로, 에비스 점과 아오야마 점이 있어요. 제가 방문한 아오야마 점은 앞에 공원이 있어 날씨가 좋은 날에는 피크닉 온 기분을 내기에 좋아요.

올드패션Oldfashion 계열 도넛, 브리오슈Brioche 계열 도넛, 크림 도넛Cream donuts 계열 등 종류가 다양한데, 이곳의 도넛은 전체적으로 폭신하고 부드러운 식감이에요.

저는 달달하면서 고소한 피스타치오 맛 크림 도넛을 가장 맛있게 먹었어요. 또 애플 크런치ザクザクアップルクランチ 도넛도 맛있었는데 겉이 빠삭하면서도 쫀득한 식감으로, 도넛 안에 든 상큼한 사과 필링이 포인트였어요.

그 외에 바닐라, 시나몬, 초코, 플레인 등 익히 아는 맛도 많았어요. 아이들이 좋아할 만한 맛이라서 어린아이와 함께 여행하는 분이라면 방문을 추천해요.

> Comment
> 바삭한 올드패션 도넛과 아삭한 애플 크런치

> Comment
> 다양한 종류의 도넛들

⑥ 레트로 감성의 수제 샌드위치　　　　　　　　가미이구사

카리나
Carina

- Add　5 Chome-19-6 Igusa, Suginami City, Tokyo 167-0021
- Open　06:00~14:00
- Close　월요일, 화요일, 수요일

이른 아침 6시부터 영업하는 수제 샌드위치 가게. 다양한 종류와 푸짐한 양의 샌드위치를 100~300엔대의 저렴한 가격에 판매하여 12시 이전에 완판되는 경우가 대부분이에요. 편의점 샌드위치와 가격은 비슷한데 훨씬 맛있으니, 주민들은 당연하고 다른 곳에서 찾아오는 단골도 무척 많아요.
가장 인기 있는 샌드위치는 달걀 샌드위치입니다. 누구나 좋아하는 맛이라 가장 빨리 품절돼요. 과일 샌드위치도 인기 메뉴인데 특히 겨울 시즌 메뉴인 딸기 샌드위치가 베스트라고 해요.
저는 달걀 샌드위치, 피넛 크림&딸기잼 샌드위치, 단호박 크로켓 샌드위치를 골랐는데, 촉촉하고 부드러운 식빵에 푸짐한 재료가 들어가 있으니 좋아하지 않을 수 없었어요.
가게 자체가 레트로한 느낌으로, 사진 명소로도 유명해요. 조용하고 일본스러운 분위기를 느낄 수 있는 동네라 더 매력 있어요.

Comment
레트로한 느낌의 외관

Comment
달걀 샌드위치와 단호박 크로켓 샌드위치

⑦ 도넛 열풍의 중심, 도넛의 신세계　　　　　　　　　　　　시부야

아이 엠 도넛?
I'm donut?

Add	2 Chome-9-1 Shibuya city, Tokyo 150-0002
Open	11:00~19:00
Close	없음
Instagram	i.m.donut

한국의 도넛과는 다른 새로운 식감의 신세계를 느낄 수 있는 도넛. 언제나 긴 웨이팅이 있지만 도넛을 좋아한다면 꼭 가 봐야 하는 곳이에요.
종류가 정말 다양한데, 크림 도넛은 꼭 먹어 봐야 하는 인기 메뉴예요. 단호박과 피스타치오 맛을 먹었는데, 생크림 베이스인데도 느끼하지 않고 깔끔해서 놀랐어요. 일반 도넛 종류에서는 생프렌치쿨러生フレンチクルラー를 추천해요. 맛도 맛이지만, 가벼우면서 쫄깃한 식감이 난생처음 먹어 본 신기한 식감이었어요. 구매하면 도넛 그림과 이름이 표기된 안내서도 같이 주는데, 알기 쉽고 귀여운 그림에 보는 재미도 있었어요.

Comment
도쿄 시부야, 나카메구로, 하라주쿠에 지점이 있는 아이 엠 도넛

Comment
쫄깃한 생프렌치쿨러

Comment
피스타치오 크림 도넛과 단호박 크림 도넛

⑧ 도쿄에서 핫한 베이글 가게   요요기

테코나 베이글 워크
tecona bagel works

Add	1 Chome-51-12 Tomigaya, Shibuya city, Tokyo 151-0063 B1
Open	11:00~18:30
Close	월요일, 화요일, 금요일

오픈 1시간 전부터 늘 웨이팅이 있는 베이글 맛집!
다양한 베이글을 푸짐하게 쌓아 놓은 모습만으로
눈이 행복해질 수밖에 없는 곳이에요. 종류도
많고, 비슷한 모양이 많아 고를 때는 이름을 잘
보고 골라야 해요.
이곳의 베이글은 겉이 살짝 질깃한 식감에,
내용물이 푸짐한 스타일이에요. 고구마, 밤,
단호박 등 구황작물 맛이 많아서, 이런 계열을
좋아하는 분들에게 추천해요. 개인적으로는
단호박 크림치즈 맛, 초코 고구마 맛, 고구마 사과
크림 맛이 가장 맛있었어요.
베이글은 구매 후 최대한 빨리 먹는 게 좋은데,
냉동 후 다시 구워 먹는 것은 식감이 질겨져서
추천하지 않아요

Comment

단호박 크림치즈
베이글

Comment

푸짐한 내용물의
베이글 샌드위치와
베이글

⑨ 싸고 맛있다, 진정한 현지인 찐 맛집 아오야마

스모모 베이커리
SUMOMO BAKERY

Add	150-0002 Tokyo, Shibuya city, Shibuya, 2 Chome-9-10 青山台ビル
Open	09:00~19:00
Close	없음

도쿄 체인 베이커리로, 가격대가 저렴하면서 맛있어서 주민들에게 사랑받는 빵집이에요. 저는 아오야마 점이 가까워서 자주 다녔는데, 아오야마 점은 먹고 갈 공간도 작게 마련되어 있어서 좋았어요. 강력 추천하는 빵은 키나코모치모치빵きな粉もちもちパン과 타마고 산도たまごサンド입니다.
특히 키나코모치모치빵은 튀긴 빵에 콩가루를 듬뿍 묻힌 것으로, 아직 한국에서는 맛보기 어려운 스타일이라 추천해요. 갓 구워 나왔다는 뜻의 "揚げ立て"가 안내돼 있다면 꼭 먹어 보세요. 타마고 산도는 누구나 아는 맛이지만 특별히 빵이 더 쫄깃해서 정말 좋았어요. 떡같이 쫄깃한 식감을 좋아한다면 강력 추천! 색다른 스타일의 크렘브륄레빵과 피넛 버터 소라빵도 맛있었어요.

Comment
키나고모치모치빵

Comment
크렘브륄레빵

Comment
피넛 버터 소라빵과 타마고산도

⑩ 세계 대회에서 우승한 인기 빵집 지유가오카

코문 도쿄
Comme'N TOKYO

- Add: 158-0083 Tokyo, Setagaya city, Okusawa, 7 Chome-18-5 1F
- Open: 07:00~18:00
- Close: 없음

2019년 세계 대회에 일본 대표로 출전해 우승한 오너 셰프의 베이커리로, 하드 계열 빵이 특히 유명해요. 매일 아침 일찍부터 영업하는데, 종류가 워낙 많아서 시간대별로 차근차근 준비되는 곳이에요. 리뷰를 봐도 손님마다 추천하는 빵이 각양각색이에요. 저는 유명한 크림빵 두 종류를 먹어 봤는데, 크림이 정말 맛있어서 왜 시그니처 메뉴인지 바로 알겠더라고요. 만약 뭘 사야 할지 고민된다면 크림빵을 추천합니다! 크루아상도, 캉파뉴도 모두 맛있어서 이런 계열을 좋아하는 분이라면 꼭 먹어 보세요.
주말은 항상 웨이팅이 심한 편이라 평일 오전 시간대 방문을 추천해요. 맞은편에는 같은 코문 도쿄의 글루텐 프리 전문점이 있어서, 글루텐 프리빵을 원한다면 방문해 보세요.

Comment
코문 도쿄 글루텐 프리 전문점 앞에서 픽은 고구마 캉파뉴

Comment
시그니처 메뉴인 크림빵

11 바삭한 식감의 올드패션 도넛을 좋아한다면　　　　　　　　　시부야

시부이치 베이커리
SHIBUichi BAKERY

- Add　150-0002 Tokyo, Shibuya City, Shibuya, 1 Chome-23-26 網野ビル 1階
- Open　평일 08:00~18:00 / 주말 09:00~18:00
- Close　없음

시부야 미야시타 파크 근처, 지도로 찾아가지 않는 한 발견하기 힘든 골목 안 숨은 빵집. 저는 이곳의 올드패션 도넛을 가장 좋아하는데, 다른 곳에 비해 더 바삭한 식감이 특징이에요. 그만큼 많이 튀겼다는 뜻이기도 해서 호불호가 있을 수 있지만, 바삭한 올드패션 도넛을 좋아한다면 추천합니다. 플레인, 초코 크런치, 초콜릿 세 종류가 있는데, 전부 맛있게 먹었어요. 메론빵도 올드패션 도넛처럼 일반적인 스타일보다 더 바삭한 편이었어요. 그밖에 키나코빵, 소금빵, 카레빵 등 일본만의 특징적인 빵이 많은데, 전부 유명해서 원하는 취향대로 먹으면 됩니다.

Comment
가게 앞에 가볍게 먹고 갈 공간이 마련돼 있어요.

Comment
초콜릿 올드패션 도넛

Comment
초코 크런치 도넛

Comment
세 가지 올드패션 도넛

⑫ 조용한 동네의 강한 빵집 호난초

글루토니
Gluttony

Add	4 Chome-42-29 Izumi, Suginami city, Tokyo 168-0063
Open	07:30~17:00
Close	화요일, 수요일
Instagram	gluttony5269

평일에도 오후에 가면 원하는 빵을 살 수 없다고 해서 오전 일찍 다녀온 곳이에요. 9시쯤 도착했는데도 한두 팀만 들어갈 수 있는 작은 규모여서인지 이미 다섯 명 정도 웨이팅이 있었답니다.

꽤 다양한 종류의 빵을 팔지만 페이스트리와 크림빵이 가장 인기가 많아요. 종류와 상관없이 빵 자체가 맛있다는 느낌! 신기하게 빵에서 한국의 맛이 느껴져 재밌었어요. 이국적인 빵과 디저트가 입맛에 안 맞는 분들도 이곳의 빵은 거부감 없이 잘 먹을 수 있을 거예요.

가장 맛있었던 빵은 피넛 버터 크림빵입니다. 피넛 버터 덕후라면 꼭 먹어 보세요!

Comment 다양한 종류의 글루토니 빵

Comment 베스트 메뉴인 피넛 버터 크림빵과 인기 메뉴

⑬ 삿포로에 본점이 있는 푹신푹신한 도넛 전문점   세타가야

커피 앤 도넛 플러피 하우스
Coffee and donuts fluffy house

- Add : 158-0097 Tokyo, Setagaya city, Yoga, 4 Chome-12-2 大山ハイツ
- Open : 10:00~17:00
- Close : 없음

푹신한 스타일의 도넛을 판매하는 테이크아웃 도넛 전문점이에요. 삿포로에 본점이 있어서 밀가루, 우유, 커피는 전부 삿포로산을 사용한다고 해요.

도넛은 계절 한정의 맛도 있고, 종류가 꽤 다양해서 키나코, 키나코 티라미수 검은깨 팥앙금, 카페오레, 사과&크랜베리 타르트풍 도넛을 골고루 구매해 봤어요. '플러피'라는 이름대로 정말 푹신푹신하고 부드러운 식감이었어요. 그래서인지 나이가 많은 분들도 좋아할 것 같다는 생각이 들었어요. 도넛 안에 필링도 적당하게 들어 있어 단맛도, 밸런스도 모두 좋았답니다.

늦게 가면 품절된 도넛이 많을 수 있어요. 원하는 도넛이 있다면 일찍 방문해 보세요.

Comment
다양한 맛의 도넛들

Comment
삿포로산 재료를 사용하는 아담한 도넛 전문점

⑭ 도쿄 최고의 비건 베이커리　　　　　　　　　　시모키타자와

유니버셜 베이크스 니코메
Universal Bakes Nicome

- Add　　155-0031 Tokyo, Setagaya city, Kitazawa, 3 Chome-19-20 reload 内 2階10区画
- Open　　8:30~18:00 / 화요일은 간단한 디저트와 커피만 판매 10:00~16:00
- Close　　월요일
- Instagram　universalbakes_nicome

도쿄에 몇 없는 비건 베이커리. 그중에서도 최고의 비건 베이커리였답니다. 이렇게 다양한 빵들이 전부 비건 메뉴로 가능하다는 점이 놀라웠어요.
가장 좋아하는 빵은 올드패션 도넛인데 플레인, 너츠, 초코 전부 다른 매력이 있어 우열을 가리기 어려웠어요. 그리고 비건 크루아상은 버터가 들어가지 않았다는 걸 믿을 수 없을 정도로, 빵의 결과 맛 모두 최고였답니다. 대신 구매한 직후 먹어야 해요. 구매한 지 반나절만 지나도 곧 축축해지더라고요.
소금빵도 추천합니다. 앙금이 든 소금빵도 맛있고, 고소한 소금빵과 상큼한 레몬 제스트의 조합이 훌륭한 레몬 소금빵도 추천해요. 찹쌀 도넛, 바게트, 스콘 등 거의 모든 메뉴를 섭렵할 정도로 자주 방문한 베이커리랍니다.

Comment
인기 메뉴인 소금빵

Comment
100% 비건 베이커리

⑮ 여기에서만 맛볼 수 있는 피스타치오 크림빵 고마바토다이마에

르 리소르
Le Ressort

Add	153-0041 Tokyo, Meguro City, Komaba, 3 Chome-11-6 桑野ビル 1F
Open	09:00~17:00
Close	월요일
Instagram	le_ressort

치아바타, 바게트, 페이스트리, 디저트, 샌드위치 등 다양한 빵을 판매하는 인기 베이커리예요. 시그니처 메뉴는 피스타치오 크림빵입니다. 묵직한 호두빵에 피스타치오 크림을 샌드한 빵으로, 한국에서는 맛보기 어려운 스타일의 피스타치오 크림 맛이라 추천해요. 하드 계열 빵도 유명해서 골고루 먹어 봤는데 전부 맛있었어요.

그밖에 멜론 크림빵, 옥수수 치아바타도 추천해요. 멜론 크림빵의 경우, 인공적인 멜론 맛 크림이 아닌 고급스러운 맛이어서 놀랐고, 치아바타는 폭신하고 쫄깃한 식감이 정말 훌륭했어요.

주말에는 웨이팅이 길어서, 가능하면 평일 방문을 추천합니다.

Comment
특색 있는 르 리소르의 빵들

Comment
추천 메뉴인 멜론 크림빵과 옥수수 치아바타

⑯ 고퀄리티의 진정한 프랑스 베이커리 메구로

르리외 유니크
Le Lieu Unique

- Add: 4 Chome-3-14 Megurohoncho, Meguro city, Tokyo 152-0002
- Open: 10:00~17:00
- Close: 화요일, 수요일

일본에서도 제대로 된 프랑스빵을 파는 빵집으로 유명해요. 셰프 또한 프랑스 루아르 지방 출신으로, 2009년 일본에 와서 2014~2020년까지 르 코르동 블루(세계적으로 유명한 요리 학교) 강사로 일했다고 해요.

특히 빵마다 밀가루, 우유, 달걀 사용 유무가 그림으로 표시되어 있는 점이 좋았어요. 또 피스타치오 덕후로서, 피스타치오 크림 크루아상, 피스타치오 밀크 프랑스는 모두에게 추천합니다. 퀸아망과 카눌레도 도쿄 베스트라 할 수 있을 정도였어요. 먹어 보지 못한 빵들도 당연히 맛있을 거란 확신이 드는 곳이에요.

Comment
피스타치오 크림 크루아상

Comment
사용된 재료가 섬세하게 표기된 메뉴 안내

Comment
르리외 유니크의 외관

┌ 인생 천연 발효 빵집　　　　　　　　　　　　　　　　　　　　세타가야

카이소
KAISO

Add	5 Chome-6-15 Daizawa, Setagaya city, Tokyo 155-0032
Open	11:00~19:00
Close	월요일, 화요일, 수요일
Instagram	suzuki_takuma_kaiso

일본에서 가장 유명한 식당 평가 사이트 '타베로그'에서 매년 음식별 100개의 식당을 선정하는 '타베로그 백명점 食べログ百名店'에 선정된 빵집.
천연 효모로 만든 베이글과 사워도우(발효 반죽으로 만든 산미 있는 빵)가 맛있기로 유명해요. 바게트, 캉파뉴 같은 건강한 빵 계열 주력이며 스콘, 쿠키, 베이글 샌드위치도 판매해요. 카페 이용도 가능하지만 매장이 작고 테이크아웃 위주이기 때문에 공간은 협소해요.
한국에서는 흔히 시골빵이라고도 부르는 캉파뉴가 저의 인생빵이 될 정도로 맛있었어요. 산미와 쫄깃함의 수준이 적절했고, 거칠어 보이는 베이글도 생김새와 달리 쫄깃해서 맛있게 먹었답니다. 스콘과 쿠키도 맛은 물론 크기도 큼지막하고 두툼해서 마음에 들었어요.
앙버터 토스트는 익숙한 맛일 거라 예상했는데, 두툼한 식빵을 토스트했는데도 쫄깃하고 부드러워서 놀랐어요. 기본 팥빵도 맛있었는데, 여기서 사용하는 수제 팥이 정말 특별했어요. 커피 가격도 저렴하고 맛도 괜찮았답니다.

> **Comment**
> 귀여움이 곳곳에 묻어나는 매장 내부

> **Comment**
> 인생 시골빵들과 스콘, 베이글, 팥빵 등 카이소의 대표 메뉴들

⑱ 검증된 포르투갈식 에그타르트 맛집 요요기

나타 데 크리스티아노
NATA de Cristiano

- Add: 151-0063 Tokyo, Shibuya city, Shibuya Tomigaya, 1 Chome-14-16 スタンフォードコート
- Open: 10:00~19:30
- Close: 없음

전통 포르투갈식 에그타르트 전문점으로, 아주 오래 사랑받고 있는 곳이랍니다. 구글 리뷰를 봐도 "역대급이다", "인생 에그타르트다"라는 후기를 찾을 수 있을 만큼 이미 검증된 맛집이에요. 기본 에그타르트 이외에도 여러 타르트를 판매하는데, 대왕 에그타르트는 3일 전에 예약해야 해요. 사실 이곳의 에그타르트는 필링보다 바삭한 페이스트리 파이가 엄청나답니다. 평균 에그타르트보다는 작은 크기여서 6개 세트 상품을 구매하는 게 좋아요. 근처에 유명 카페인 푸글렌FUGLEN이 있어서, 푸글렌 카페라테와 함께 먹어도 좋아요. 요요기 공원을 산책하거나 피크닉하면서 먹기에 좋을 듯해요.

Comment
전통 포르투갈식 에그타르트

Comment
가게 앞에서 기다렸다가 한 명씩 들어가 주문하는 방식

⑲ 체인 브랜드여도 추천하는 곳   아오야마

더 시티 베이커리 아오야마
The City Bakery Aoyama

- Add   2 Chome-14-4 Kita-Aoyama, Minato city, Tokyo 107-0061
- Open   7:30~20:00
- Close 없음

더 시티 베이커리는 도쿄 내 체인 브랜드인 베이커리 카페예요. 빵, 케이크, 구움과자뿐만 아니라 샌드위치, 샐러드 등 식사 메뉴도 골고루 판매해서 아침부터 저녁까지 찾는 손님이 많은 곳이랍니다.

시즌별 메뉴도 있지만, 이곳의 시그니처 빵은 프레첼 크루아상이에요. 짭짤한 프레첼 맛이 크루아상과 잘 어울려서 별미예요. 볼륨감 있고 특색 있는 빵이라 정말 맛있게 먹었어요. 매장에서 먹는다면 꼭 따뜻하게 구워달라고 요청하세요. 따끈할 때 먹는 빵이 제일 맛있잖아요. 가격도 저렴한 편이라 마음에 들었고, 캉파뉴, 사워도우도 가격 대비 퀄리티가 좋아서 자주 사먹었답니다. 건강빵 계열을 좋아한다면 하프 사이즈도 판매하니 가볍게 맛봐도 좋아요. 식사빵 계열에서는 말랑하고 쫄깃한 식감의 세몰리나 요거트 브레드 Semolina yogurt bread를 가장 맛있게 먹었어요. 커피 가격도 비교적 저렴하고 맛있어서, 아메리카노와 라테도 자주 마셨답니다.

> Comment
> 달달한 피넛 버터 맛 크림이 듬뿍 들어 있는 시즌 메뉴 피넛 버터 크림 슈

> Comment
> 하프 사이즈로도 판매하는 통밀빵, 사워도우, 캉파뉴

> Comment
> 진하고 고소한 카페라테와 프레첼 크루아상

⑳ 도쿄 최상위 수준의 바게트와 페이스트리 산겐자야

불랑제리 보네 단누
Boulangerie Bonnet D'ane

Add	1 Chome-28-1 Mishuku, Setagaya city, Tokyo 154-0005
Open	09:00~18:00
Close	월요일, 화요일, 수요일
Instagram	boulangerie_bonnetdane

도쿄 최고의 프랑스 베이커리 중 한 곳이에요. 외관에서부터 프랑스에 온 기분을 느끼게 해 주는 곳으로, 몇 해 전부터 일본 전문 잡지 등 여러 곳에 소개되면서 현지에서는 이미 많은 사랑을 받고 있는 곳이랍니다.

잠봉 바게트 샌드위치, 페이스트리 계열의 빵이 유명하고, 피스타슈, 타르틴후랑보아즈(딸기잼과 버터를 올린 바게트), 잠봉뵈르(버터와 잠봉이 샌드된 바게트)를 맛봤는데 먹자마자 왜 유명한지 바로 납득할 정도였어요.

비주얼부터 특별한 타르틴후랑보아즈도 매력적인 데다, 특히 피스타슈는 제가 먹어 본 피스타치오 에스카르고 중 1등으로 꼽을 만큼 맛있었어요. 프랑스빵 계열을 좋아하시면 꼭 방문해 보세요.

> **Comment**
> 일본 최상위 수준의 프랑스 베이커리

> **Comment**
> 인기 메뉴인 잠봉뵈르와 피스타슈

㉑ 도쿄 최고의 소금빵 맛집 시부야

그린 섬
GREEN THUMB

Add	28-9 Sakuragaokacho, Shibuya city, Tokyo 150-0031
Open	08:00~19:00
Close	없음

소금빵을 처음 먹은 날 반해서 다음날에 다시 찾은 곳이에요. 사실 현지에서는 소금빵보다 다른 빵들이 더 유명한데, 그만큼 종류도 다양하고 전체적인 수준이 높아요. 개인적으로 기본 식사빵 계열이 더 맛있는 곳이라고 생각해요.
소금빵 다음으로 좋아한 빵은 포카치아인데, 이곳의 No.2 인기 빵이기도 합니다. 소금빵 맛 포카치아라 해도 될 만큼 소금빵과 비슷한 느낌으로 식감이 정말 쫄깃쫄깃해요. 디저트 계열으로는 피스타치오 코르네, 키나코 앙버터 등 한국에서는 보기 어려운 조합의 빵들을 추천해요. 가격대도 대부분 200엔대로 저렴했답니다. 빵은 최대한 구매한 당일에 바로 먹는 게 좋아요.

Comment
그린 섬 외관

Comment
추천 빵인
포카치아

Comment
다양한 디저트
계열의 빵들

㉒ 인생 크루아상을 만나다   키바

불랑제리 이가라시
Boulangerie S.Igarashi

- 🟠 Add　3 Chome-8-10 Kiba, Koto city, Tokyo 135-0042
- 🟠 Open　10:00~15:00(품절 시 마감)
- 🟠 Close　없음

후쿠오카에 있다가 도쿄로 이전한 베이커리입니다. 오전 9시부터 LINE으로 정리권을 발급하는 시스템이어서 차례가 될 때 방문하면 되는 편리함은 있지만, 관광객 입장에서는 LINE 어플을 깔아야 한다는 점이 조금 번거롭다는 단점도 있어요. 가끔 웨이팅이 적을 때는 정리권 없이도 구매할 수 있다고 해요.

이곳의 No.1 인기 메뉴인 크루아상은 오픈 직후 따뜻함이 남아 있을 때 먹었는데 결이 살아 있는 바삭함에 촉촉 쫄깃한 속까지, 인생 크루아상이었어요! 피스타치오빵은 진하고 고소한 필링이 든 원형의 에스카르고, 마치 페스토 소스와 같은 필링이 샌드된 바게트, 달달한 바닐라빈 피스타치오 크림 크로핀 이렇게 세 종류를 판매하고 있어요. 모두 매력이 다르니 취향에 따라 골라 보세요.

Comment
No.1 인기 메뉴 크루아상

Comment
피스타치오 에스카르고

㉓ 역대급 쫀득한 베이글 맛집   나카노

아노 베이글
Ano Bagel

Add	164-0012, Tokyo Nakano city, Honcho, 3 Chome-12-8 北島ビル101
Open	11:30~17:00
Close	화요일, 토요일
Instagram	ano_bagel

도쿄에서 먹어 본 베이글 중 가장 쫄깃한 식감을 가진 곳이에요. 현지에서도 떡처럼 부드럽고 쫀득쫀득한 식감의 베이글 맛집으로 유명해요. 기본 베이글 라인과 샌드위치 라인이 있는데, 베이글 샌드위치의 경우 기간 한정의 시즌 메뉴가 있어요. 또 기본 베이글은 조리 계열, 디저트 계열 등 독특한 조합이 많아서 더 특색 있는 곳이랍니다.

가장 인상 깊었던 베이글은 비주얼부터 특별한 통고구마 베이글 샌드위치에요. 맛은 커스터드 맛과 호지차 맛 두 가지로, 가장 인기가 많은 베이글이었어요.

샌드위치 라인은 보는 맛이 있다면, 기본 라인은 씹는 맛 즉, 쫀득함을 더 잘 느낄 수 있어요. 온전히 베이글 식감을 제대로 느끼고 싶다면 추천! 저는 단팥 앙금과 떡이 들어간 키나코 베이글이 가장 맛있었답니다.

> Comment
> 통 고구마
> 베이글 샌드위치

> Comment
> 귀여운 간판과
> 베이글 쇼케이스

㉔ 가마쿠라의 건강한 빵 맛집 가마쿠라

키비야 베이커리
KIBIYA Bakery

- Add: 248-0012, Kanagawa, Kamakura, Onarimachi, 5-34, グランドール鎌倉
- Open: 10:00~17:00
- Close: 수요일

도쿄 근교인 가마쿠라역 근처의 귀여운 고양이가 마스코트인 베이커리예요. 고양이를 좋아한다면 입구에서부터 바로 기분이 좋아지지 않을까 싶네요. 건강한 호밀빵과 하드 계열의 빵이 주력으로, 현지인들에게 유명한 곳입니다. 건강한 빵을 좋아하는 분들에게 추천해요.

이곳의 시그니처 메뉴는 팥빵으로, 일반적인 팥빵을 예상한다면 조금 생소할 수 있어요. 비슷한 느낌으로 서울의 베이커리 소울브레드 팥빵이 바로 생각나더라고요. 팥빵을 토스터에 바삭하게 구워 먹으니 더욱 맛있었어요.

오독오독한 식감의 깨·땅콩스틱 쿠키도 많이 달지 않고 담백해 건강한 느낌이었습니다. 가마쿠라 근처를 구경하면서 간단한 간식으로 먹기 좋을 것 같아요.

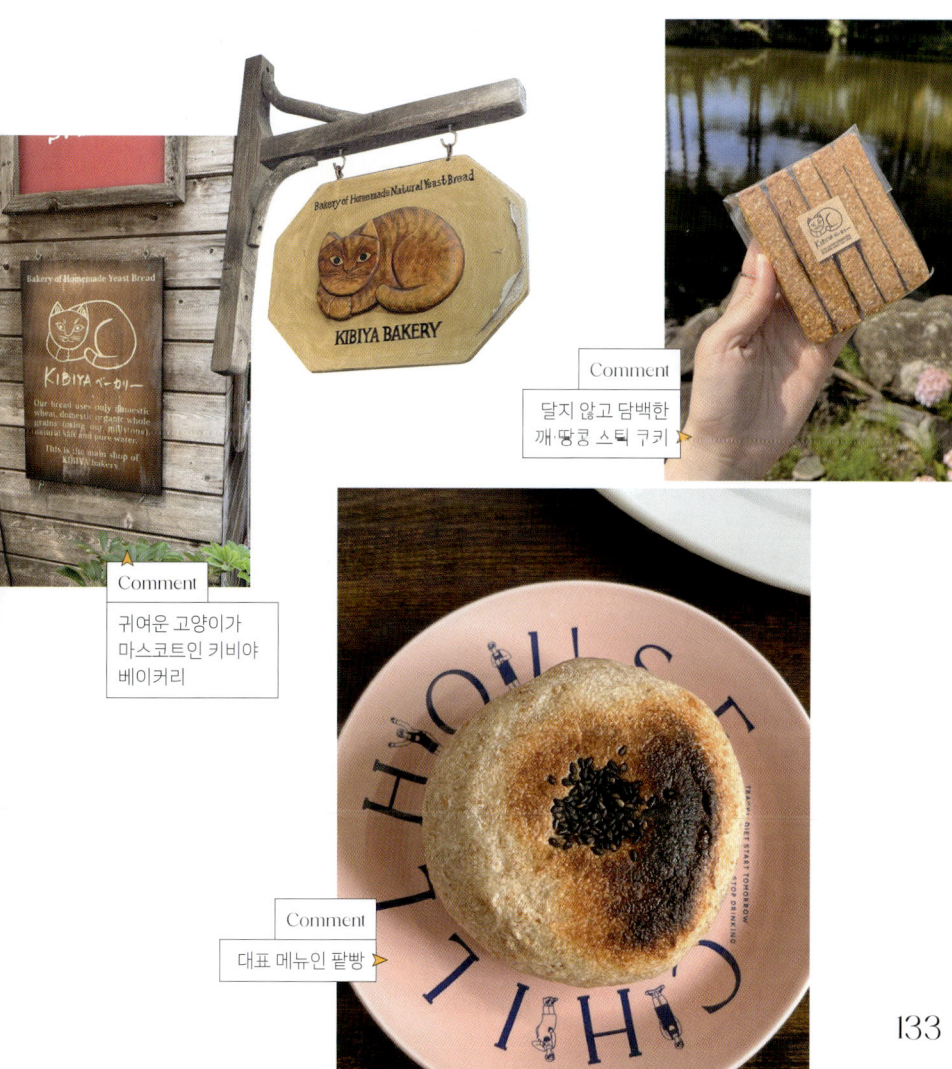

Comment
달지 않고 담백한 깨·땅콩 스틱 쿠키

Comment
귀여운 고양이가 마스코트인 키비야 베이커리

Comment
대표 메뉴인 팥빵

킷사텐의 사전적 의미는 '가벼운 식사와 음료를 제공하는 음식점'이지만, 약 1970~1980년대 한국 다방과 같은 일본의 옛 카페로 이해하면 편해요.

오래전부터 몇십 년을 그대로 운영해 와서 그 시절을 느낄 수 있다는 점이 특징으로, 대부분 오므라이스, 나폴리탄 파스타, 샌드위치, 파르페, 푸딩 같은 일본 대표 음식들을 판매합니다.

3장에서는 킷사텐 분위기를 제대로 느낄 수 있는, 일본에서도 유명한 곳과 전통 있는 곳들로 선정했습니다. 쇼와 시대(1926~1989년)부터 운영한 곳도 꽤 많아서 타베로그 백명점에 꼽히거나 다양한 미디어에서 다룬 곳이 많으니, 일본 특유의 감성을 느끼고 싶다면 추천합니다.

3장.

Kissa ten
킷사텐

① 진보초의 명물, 돌솥구이 핫케이크   진보초

탐탐
TamTam

- Add: 101-0051 Tokyo, Chiyoda city, Kanda Jinbocho, 1 Chome-9 1F
- Open: 11:00~21:30
- Close: 없음

돌솥구이 핫케이크와 프렌치토스트 맛집으로, 진보초에서 정말 유명한 곳이에요. 테이블마다 하나씩 있을 정도로 대표 메뉴인 핫케이크는 일반적인 비주얼이 아니어서 더 특별한 느낌이에요. 돌솥에 굽기 때문에 조리 시간이 20~30분 정도 걸려요.

핫케이크는 도톰하고 푹신푹신한 스타일에, 양도 많아 식사 대신 먹어도 충분해요. 개인적으로는 프렌치토스트가 더 맛있었는데 돌판 그릇에 구워져 나와서 다 먹을 때까지 따뜻하게 먹을 수 있어서 좋았답니다. 휘핑크림과 시럽으로 단맛을 더해 부드럽고 촉촉한 맛이 정말 좋았어요. 아몬드 토스트가 또 다른 인기 메뉴인데요, 한국에선 보지 못한 스타일이라 더 인상 깊었어요. 식사용보다 디저트에 가까웠고, 단짠단짠의 맛에 아이스크림까지 곁들여져 정말 맛있답니다. 점심시간에는 늘 웨이팅이 있으니, 오픈 시간에 맞추거나 식사 시간을 피해 방문하면 훨씬 편하게 즐길 수 있어요.

Comment
아이스크림을 올린 달콤한 카페라테

Comment
폭신한 핫케이크와 단짠단짠의 아몬드 토스트

② 킷사텐의 대표 음료, 멜론 소다   아사쿠사

카페 드 락
Café de raak

Add	1 Chome-20-12 Asakusa, Taito city, Tokyo 111-0032
Open	10:00~20:00
Close	없음

킷사텐에서 빼놓을 수 없는 메뉴는 바로 메론 소다! 아사쿠사 상점 골목 2층에 위치한 전형적인 일본 킷사텐으로 귀여운 소다가 유명한 곳이에요. 흡연이 가능한 곳이지만 어린아이를 동반한 가족 손님이 많아서인지, 매장의 창문을 쭉 열어 놔서 담배 냄새가 심하지는 않았어요.

저는 시그니처 메뉴인 메론 소다와 블루하와이 소다를 주문했어요. 소다 위에 푸짐하게 올린 아이스크림과 거기에 비스킷을 꽂아서 더 귀엽고 특별한 느낌이에요. 소다 자체도 맛있지만, 아이스크림과 비스킷을 함께 먹으니 더 맛있었답니다.

소다를 좋아하지 않는 분은, 소다처럼 아이스크림과 비스킷을 올려 주는 커피 플로트를 주문해도 좋을 것 같아요. 식사 메뉴로는 오므라이스가 가장 인기가 많아요.

아사쿠사 구경하다가 쉬고 싶을 때나 식사 후 디저트를 먹고 싶을 때 한번 들러 보세요.

Comment
한국어로도 제공되고 있는 메뉴판

Comment
아사쿠사 근처의 카페 드 락의 외관

Comment
아이스크림과 비스킷을 올려 주는 메론 소다

③ 일본 전통 킷사텐 스타일의 핫케이크와 샌드위치 하치만야마

루포제 스기
ルポーゼすぎ

- Add: 168-0074 Tokyo, Suginami city, Kamitakaido, 1 Chome-1-11 京王リトなード八幡山1F
- Open: 09:00~19:00
- Close: 없음

1977년부터 영업하고 있는 킷사텐으로, 하치만야마역 바로 앞에 위치해 있어요. 이곳은 핫케이크가 유명한데, 아메리칸 스타일이 아닌 전형적인 일본 스타일로 마가린이 곁들여 나와요. 모닝, 런치 메뉴가 나뉘어 있는데, 런치 메뉴로는 핫케이크뿐만 아니라 오므라이스, 나폴리탄 파스타도 유명합니다.
또 다른 인기 메뉴인 베이컨 에그 샌드위치에는 오이가 들어가는데, 빼달라는 요청도 가능해요. 촉촉한 식빵 사이에 따뜻한 베이컨오믈렛이 있어 누구나 좋아할 맛입니다.
다양한 연령대의 손님이 방문하는 곳으로, 킷사텐의 매력을 느끼고 싶은 분에게 추천합니다.

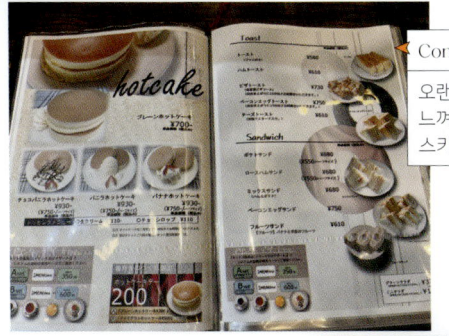

> Comment
>
> 오랜 세월의 흔적이 느껴지는 루포제 스키의 외관과 메뉴판

> Comment
>
> 전형적인 일본 스타일의 샌드위치와 핫케이크

④ 원조 명물 김 토스트   칸다

카페 에이스
Café ACE

Add	3 Chome-10-6 Uchikanda, Chiyoda city, Tokyo 101-0047
Open	평일 07:00~18:00 / 토요일 07:00~14:00
Close	일요일, 월요일

원조 김 토스트가 명물인 킷사텐으로, 쇼와 46년(1971년)에 창업한 전통 있는 곳이에요. 사이폰 커피를 내려주는 곳으로도 유명한데, 오전 10시 이전에는 김 토스트와 커피 세트가 570엔이고, 커피는 한 잔 더 리필이 가능해서 대부분 오전에 방문하는 손님이 많아요.
대표 메뉴인 김 토스트를 맛보기 전에는 과연 식빵과 김, 간장의 조합이 어울릴까 걱정했는데, 걱정이 무색할 만큼 맛있었어요. "한 개 더 시킬까." 생각했을 정도로요.
다른 킷사텐들처럼 흡연이 가능하기 때문에 비흡연자라면 민감할 수 있지만, 타베로그 백명점에 선정된 맛집이기에 방문을 추천해요. 디저트 메뉴로는 아메리칸 도넛과 비엔나 커피가 유명하니 김 토스트와 같이 먹어도 좋아요.

Comment
레트로한 느낌의
킷사텐 분위기

Comment
함께 먹으면 더 맛있는
김 토스트와 커피

⑤ 그라탱 토스트와 넬 드립 커피 맛집   진보초

도로와바구
トロワバグ

- Add   101-0051 Tokyo, Chiyoda city, Kanda Jinbocho, 1 Chome-12-1 富田ビルB1
- Open   평일 10:00~20:00 / 토요일 12:00~19:00
- Close   일요일

타베로그 백명점에 선정된 킷사텐으로, 조용하고 차분한 느낌의 공간이에요. 크로크무슈 같은 그라탱 토스트가 유명한데, 치즈 토스트를 좋아한다면 추천합니다. 사이드 메뉴로 나오는 미니 마카로니 샐러드 또한 별미였어요.
커피는 넬 드립(양모 천을 이용해 커피를 추출하는 방식)으로 내리는 핫 블렌드 커피와 오레그랏세(オレグラッセ, 일본식 연유 라테)가 유명해요.
카운터석에 앉으면 조리 과정뿐 아니라 드립 커피를 내리는 모습을 볼 수 있어서 눈도 즐겁답니다. 그 밖에 디저트 메뉴들도 유명한데, 저는 귀엽고 특색 있는 커피 젤리와 앙버터 샌드위치를 맛있게 먹었답니다.

Comment
지하 1층에 위치해 계단이 가파르니 내려갈 때 주의하세요

Comment
그라탱 토스트와 커피 젤리

Comment
넬 드립으로 내려주는 핫 블렌드 커피

⑥ 쇼팽 음악이 흘러나오는 킷사텐 칸다

킷사 쇼팽
珈琲ショパン

- Add : 101-0041 Tokyo, Chiyoda city, Kanda Sudacho, 1 Chome-19-9
- Open : 평일 08:00~20:00 / 토요일 11:00~20:00
- Close : 일요일

쇼와 8년(1933년)에 창업한 킷사 쇼팽. 이름처럼 쇼팽의 피아노 음악이 흘러나오는 킷사텐으로, 이곳 역시 타베로그 백명점에 선정된 곳이에요. 할아버지 사장님 혼자서 커피와 음식을 담당하고 계세요.

앙프레스라는 팥 토스트가 가장 유명하고, 이 메뉴를 먹기 위해 오는 손님이 대부분이에요. 버터 토스트에 달달한 팥앙금을 샌드한, 심플한 조합인데도 기대 이상으로 맛있어서 놀랐어요. 인기 많은 이유를 먹자마자 바로 알겠더라고요. 팥 토스트 좋아한다면 꼭 먹어 보세요. 같이 주문한 치즈 토스트는 식빵에 정직하게 치즈만 올라간 토스트라 평범했어요.

커피가 진한 편이라고 해서 레몬 홍차를 주문했는데, 생레몬을 띄운 비주얼이 예뻐서 더욱 만족스러웠어요.

Comment
생레몬을 띄운 홍차

Comment
인기 메뉴인 앙프레스와 치즈 토스트

⑦ 신주쿠에서 킷사텐 하면 이곳   신주쿠

커피 람브르
COFFEE L'ambre

⊙ Add	3 Chome-31-3 Shinjuku, Shinjuku city, Tokyo 160-0022
⊙ Open	09:30~18:00
⊗ Close	없음

쇼와 25년(1950년)에 창업한, 신주쿠에서 가장 유명한 킷사텐 중 하나예요. 생각보다 규모가 큰데다 레트로한 느낌의 인테리어도 마음에 쏙 들었어요. 또 소파석이 있어서인지 일본 경양 식당 느낌도 났고요.

식사 메뉴가 다양하고 골고루 인기가 많지만, 제가 먹은 참치&달걀 샌드위치도 대표 메뉴로, 정말 맛있었어요. "아는 맛이 무섭다"라는 말이 있듯이 어릴 때 즐겨 먹던 참치 마요, 에그 마요의 익숙한 맛이 반가웠어요. 피자 토스트와 시나몬 토스트도 인기 메뉴랍니다.

커피는 진하고 쓴 편이었는데, 같이 내어 주는 크림을 넣어 마시는 것도 좋아요. 제공해 주는 크림은 생크림과 우유의 중간 정도 묽기인데, 일본의 블렌드 커피는 진한 스타일이 많아서 대부분 크림이나 우유를 제공해 줘요. 현재는 지하 1층만 운영하고 있으며, 금연입니다.

Comment
창업한 지 70년이 넘은 커피 람브르

Comment
케이크도 판매하고 있어요

Comment
크림을 추가한 진한 블렌드 커피

⑧ 시즌별로 바뀌는 기간 한정 푸딩을 맛보러 시부야

킷사 사텔라
喫茶サテラ

- Add: 青山セヴンハイツ1F, 1 Chome-7-5 Shibuya, Shibuya city, Tokyo 150-0002
- Open: 토~수요일 11:00~19:00 / 목요일 08:00~19:00 / 금요일 11:00~18:30, 19:00~22:00
- Close: 없음(비정기적 휴무)
- Instagram: kissa_satella

48년 된 킷사텐을 개조해서 2020년 10월부터 운영하고 있는 곳으로, 푸딩과 오레그랏세가 가장 유명해요. 푸딩은 기본 푸딩 이외에 계절 한정 푸딩도 있는데, 매 시즌 인기가 많아서 오후에 가면 품절인 경우가 많아요. 저는 2월의 기간 한정 메뉴인 초콜릿 푸딩을 먹어 봤는데 진하고 묵직한 케이크에 가까운 초콜릿 맛에 반해 버렸어요. 오레그랏세도 인기가 많지만, 커피 젤리 라테에 바닐라 아이스크림과 캐러멜 시럽을 올린 커피 젤리 플로트도 추천합니다. 여느 커피 젤리보다 더 달콤한 맛이었어요.

매주 목요일은 모닝 토스트 메뉴도 준비되는데, 아침 식사를 원한다면 이때 방문해도 좋을 것 같네요.

인스타그램에 새로운 메뉴 소식이나 품절 상황도 알려 주고, 일본 킷사텐에서 보기 어려운 콘센트와 와이파이가 제공된다는 점도 좋았어요.

Comment
조용하고 차분한 분위기의 킷사 사텔라

Comment
인기 메뉴인 커피 젤리 라테와 초콜릿 푸딩

⑨ 도쿄 No.1 달걀 샌드위치 　　　　　　　　　　　가와사키

티룸 조우아
城亜 ティールーム

- Add　1 Chome-5-7 Daishi Ekimae, Kawasaki Ward, Kawasaki, Kanagawa 210-0802
- Open　07:00~15:30
- Close　목요일

도쿄에서 가장 맛있는 달걀 샌드위치를 만난 곳이에요! 흔히 달걀 샌드위치에는 에그 마요가 들어가는데 이 샌드위치에는 오믈렛 같은 달걀말이가 들어가요. 달걀을 6개나 사용해 두툼하고 푸짐한 양이 일품이에요. 먹다 남으면 포장도 가능하니 걱정 마세요. 샌드위치와 같이 나오는 상큼한 미니 샐러드까지 마음에 들었어요. 이 맛과 양에 가격은 650엔밖에 안 해서 가성비 맛집이라고도 부르고 싶어요.

도쿄 시내에서 1시간 정도 떨어진 지역이지만, 전철로 쉽게 갈 수 있어서 여행 일정이 여유롭다면 들러 보길 추천해요.

흡연 카페이지만 환기가 잘 돼 내부는 쾌적했어요. 맛도 맛이지만 사장님도 정말 친절해서 또 가고 싶은 곳이에요.

Comment
킷사텐 감성을 제대로 느낄 수 있는 내부

Comment
커피 플로트

Comment
샌드위치와 함께 제공되는 상큼한 미니 샐러드

⑩ 특별한 2단 푸딩이 있는 곳   유시마

미진코 커피
Mijinco Coffee

- Add   113-0034 Tokyo, Bunkyo city, Yushima, 2 Chome-9-10 湯島三組ビル1F
- Open 평일 11:00~20:00 / 주말 10:00~19:30
- Close 없음

마치 2단 핫케이크 같은 특별한 비주얼의 푸딩이 유명한 자가 로스팅 커피 전문점이에요. 2011년에 오픈해 12년 동안 운영하고 있는데, 주말에는 웨이팅이 필수일 정도로 현지에서 인기가 많아요.

인기 메뉴인 푸딩은 바닐라 치즈 케이크를 차갑게 얼린, 아이스크림 케이크를 먹는 느낌이었어요. 푸딩 윗부분에는 설탕 코팅이 되어 있어 크렘브륄레처럼 톡톡 깨서 먹으면 되고, 함께 나온 시럽까지 부려 주면 당 충전이 제대로 됩니다.

푸딩뿐만 아니라 핫케이크랑 프렌치토스트도 인기 메뉴인데, 철판 프렌치토스트는 계절 메뉴로 여름에는 판매하지 않는다고 해요.

킷사텐과 카페를 잘 섞어 놓은 듯한 공간으로, 다양한 연령대의 손님도 많고 저처럼 혼자 오는 사람도 많아서 누구나 부담 없이 방문할 수 있는 곳이에요.

Comment
주말에는 웨이팅이 필수! 현지 인기 킷사텐

Comment
일반적인 푸딩이 아닌 치즈 케이크처럼 단단하고 묵직한 스타일

11 따끈따끈한 치즈 오믈렛 샌드위치 맛집 가마타

기린 커피
kirin coffee

- Add: 143-0015 Tokyo, Ota city, Omorinishi, 7 Chome-7-20 1F
- Open: 목요일, 금요일 07:00~20:00 / 주말 08:30~20:00
- Close: 월요일, 화요일, 수요일

오타구의 조용한 주택가 동네에 위치한 카페로, 이른 시간부터 영업해 아침을 먹기에 좋은 곳이에요. 저도 아침에 방문했는데 손님이 꽤 많아서 놀랐어요.

인기 메뉴는 두툼한 오믈렛 샌드위치로, 추가 옵션이 다양한데 저는 치즈를 추가해 먹어 봤어요. 따끈한 달걀말이에 치즈까지 듬뿍 들어 있으니 맛이 없을 수 없겠죠.

원두도 판매하는 곳이라, 커피가 맛있기로도 유명하지만 달콤한 팥 라테도 추천합니다. 푸딩도 인기 디저트 메뉴인데, 시즌별로 맛이 바뀌는 것 같아요. 제가 먹어 본 커피 맛 푸딩은 진하고 묵직하면서도 부드러운 맛이었어요. 하네다 공항이 가까워서 공항을 오고 갈 때 들러도 좋아요.

Comment
치즈가 가득 들어 있는 오믈렛 샌드위치

Comment
달콤한 팥 라테와 푸딩

여기서는 일본 전통의 디저트, 또는 일본만의 스타일로
재해석한 디저트를 모아 봤습니다. 우리에게 익숙한
디저트라 해도 일본만의 방식으로 만든 디저트라
한국의 것과는 맛과 스타일이 전혀 달라요. 그 맛의
차이를 느끼면서 즐겨 보세요.

Japanese

일본식 디저트

4장.

Desserts

① 인생 피스타치오 빙수　　　　　　　　　　　　　　스가모

빙수 공방 셋카
かき氷工房 雪菓

Add	3 Chome-37-6 Sugamo, Toshima city, Tokyo 170-0002
Open	평일 11:00~17:00 / 주말 10:00~17:00
Close	월요일

Japanese Desserts

피스타치오 맛 디저트가 워낙 다양하고 널리 퍼져 있는 일본이지만, 도쿄에서 가장 맛있게 먹은 피스타치오 빙수였어요. 세 종류의 피스타치오 빙수를 판매하고 있는데, 피스타치오 밀크 빙수는 고소하고 부드러운 맛이고, 피스타치오 딸기 빙수는 피스타치오 맛보다 상큼한 딸기 퓨레 맛이 더 강했어요. 고소한 맛과 달달한 맛이 밀크 빙수보다 더 강렬했던 피스타치오 화이트 초코 빙수도 맛있었어요. 토핑뿐만 아니라 빙수 안에도 피스타치오 소스와 견과류가 듬뿍 들어 있어, 피스타치오를 좋아하는 사람들에게는 취향 저격 빙수일 거예요. 연유, 요거트, 생크림 등 토핑 추가도 가능해요.
저는 피스타치오 빙수를 추천하지만, 과일 빙수도 인기 메뉴예요.

Comment
계절별 기간 한정 메뉴도 있어요

Comment
견과류가 듬뿍 든 피스타치오 화이트 초코 빙수와 밀크 빙수

Comment
상큼한 피스타치오 딸기 빙수

② **200년 이상의 전통이 담긴 당고** 닛포리

하부타에 당고
羽二重 団子

- **Add** 5 Chome-54-3 Higashinippori, Arakawa city, Tokyo 116-0014
- **Open** 평일 09:30~16:30 / 주말 10:00~16:30
- **Close** 없음

Japanese Desserts

1819년부터 운영해 온 일본 전통 과자점으로, 2019년에 재건해 운영하고 있어요. 야키 당고焼き団子와 앙 당고あん団子가 유명한 당고 맛집으로, 가격대는 조금 높은 편이나 패키지 구성이 다양해서 선물용으로도 좋아요.

일본 전통의 맛으로 특별하지는 않지만 깔끔하고 클래식합니다. 야키 당고는 적당히 짭짤해서, 평소 단맛이 강한 미타라시 당고가 입에 맞지 않았던 분도 거부감 없이 먹을 수 있을 거예요. 특히 앙 당고는 부드럽고 가벼운 팥 앙금을 떡 위에 감싼 스타일로, 일본에서만 느낄 수 있는 맛이라 정통 일본 디저트가 궁금하다면 즐겨 보세요.

Comment
당고 외에 모나카와 빙수도 판매 중

Comment
패키지 구성이 다양한 당고 세트

Comment
적당히 짭짤한 대표 메뉴 야키 당고

③ 카레 전문점에서 만드는 카레빵의 맛 아오야마

템마 카레
TEMMA CURRY

- **Add** 107-0062 Tokyo, Minato city, Minamiaoyama, 3 Chome-8-40 青山センタービル1階
- **Open** 11:00~22:00
- **Close** 없음

일본 대표 빵인 카레빵! 카레빵은 일본 빵집에서 흔히 파는 빵이지만, 이곳의 카레빵은 카레 전문점에서 만든 것이어서 그런지 전문성과 신뢰가 더욱 느껴졌어요. 현지에서도 카레 요리보다 카레빵의 평이 더 좋더라고요.

빵이라고는 하지만 사실상 튀김 빵, 크로켓에 가까워요. 종류는 네 가지로, 새우 카레빵, 반숙란 카레빵, 키마 카레빵(고기를 갈아 만든 카레빵), 비프 카레빵이 있어요. 모두 맛있지만 저는 비프 카레빵과 반숙란 카레빵을 추천합니다! 타이밍이 맞으면 갓 튀긴 카레빵을 먹을 수도 있어요, 따뜻하게 먹는 게 맛있으니 가능하면 꼭 갓 튀긴 것으로 요청해 보세요.

Comment
카페 전문점
템마 카레

Comment
반숙란 카레빵

④ 고베식 타코야키 전문점에서 빙수까지　　　　　　　　　　　사사즈카

미나토야
みなと屋

Add	151-0073 Tokyo, Shibuya city, Sasazuka, 2 Chome-41-20 岡田ビル
Open	11:00~19:00
Close	수요일

Japanese Desserts

빙수와 고베 스타일의 타코야키로 유명한 곳이에요.
제가 맛본 빙수는 단호박 빙수, 몽블랑 빙수, 아보카도 빙수, 쑥 빙수로 다른 곳에서 본 적 없던 맛들이 많아서 좋았어요. 아보카도 빙수를 제외한 세 빙수는 기간 한정 메뉴로, 방문 시기가 맞다면 꼭 먹어 보기를 추천합니다.
또 다른 인기 메뉴인 고베식 타코야키는 한국의 타코야키와 달리 속이 흐물흐물하고 묽어서 호불호가 있어요. 양념을 바르지 않은 타코야키를 국물에 찍어 먹는 대표 고베 타코야키 요리인 아카이시야키明石燒는 생소했지만 색달랐고, 특히 국물이 맛있었답니다. 센베와 타코야키를 같이 먹는 타코센도 있어서, 사이드 메뉴로 같이 즐길 수 있어요.
고베에 가지 않고도 제대로 된 고베타코야키를 맛볼 수 있는 곳이랍니다.

Comment
고베식 디코야키를 국물에 찍어 먹는 아카이시야키

Comment
아보카도 빙수와 쑥 빙수

Comment
센베에 타코야키를 올려 먹는 타코센

⑤ 바삭한 일본식 붕어빵, 타이야키　　　　　　　　　　　에비스

히라기
ひいらぎ

⊙ Add	150-0013 Tokyo, Shibuya city, Ebisu, 1 Chome-4-1恵比寿アーバンハウス107
⊙ Open	10:00~18:30
⊗ Close	없음

타이야키는 타코야키처럼 꼭 먹어 봐야 하는 일본의 국민 간식이에요. 한국의 붕어빵이랑 비슷한 듯 다른데, 우선 붕어빵이 부드럽고 말랑한 느낌이라면 타이야키는 식감이 바삭바삭해요. 통팥 앙금이 빽빽하게 가득 차 있으면서 담백한 맛이라 따뜻할 때 먹으면 그 자리에서 몇 개는 바로 순삭할 맛이에요. 붕어빵을 좋아한다면 실망하지 않을 거예요.

에비스에 있는 히라기가 테이크아웃 전문점이라면, 같은 히라기 라인인 '메구로 히라기'가 근처에 있어요. 여기서는 카페 이용까지 가능한데, 빙수, 아이스 모나카, 앙버터 토스트 등 판매하는 메뉴가 더 다양합니다. 타이야키 역시 판매하고 있으니 이곳을 방문해도 좋아요.

◀ Comment
메구로 히라기에서 맛볼 수 있는 여름 디저트, 아이스 모나카

Comment ▶
겉이 바삭하고 속이 통팥으로 꽉 찬 타이야키

◀ Comment
일본식 붕어빵을 판매하는 히라기

⑥ 당고 덕후가 인정하는 야키 당고 찐 맛집   다이타바시

치쿠센도
竹仙堂

- Add   2 Chome-18-5 Ohara, Setagaya city, Tokyo 156-0041
- Open   09:00~19:00
- Close 없음

다이타바시역 앞의 작은 일본식 제과점으로,
야키 당고가 정말 맛있는 곳이에요. 흔히 마트나
편의점에 파는 미타라시 당고와 비슷하지만
숯불에 구운 것처럼 향도 남다르고, 식감도
그저 쫀득한 것이 아닌 겉이 코팅된 느낌이라
더 특별해요. 제가 먹어 본 야키 당고 중 가장
맛있었어요.
흑임자 당고와 인절미 당고도 판매하는데, 매일
판매하고 있지는 않아요. 방문한 날에 종류가
다양하게 있다면 골고루 구매해서 먹어 보기를
추천합니다.
일본식 떡, 화과자 전문점이기 때문에 당고뿐만
아니라 다른 떡들도 종류도 많아요. 시내 관광지가
아닌 조용한 동네에 위치한 당고 찐 맛집이랍니다.

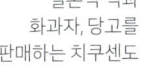
Comment
일본식 떡과
화과자, 당고를
판매하는 치쿠센도

Comment
야키 당고

Comment
다양한 당고 종류

⑦ 고구마 맛탕에 진심인 곳　　　　　　　　　　　　　　아사쿠사

다이가쿠이모 치바야
大学いも 千葉屋

- Add　　3 Chome-9-10 Asakusa, Taito city, Tokyo 111-0032
- Open　평일 10:00~18:00 / 주말 10:00~17:00
- Close　화요일

Japanese Desserts

1950년에 창업한 고구마 맛탕 전문점으로, 일반적인 두툼한 고구마 맛탕과 얇은 고구마칩 맛탕을 판매하고 있어요. 둘 다 맛있지만, 조금 더 특별한 고구마칩 맛탕이 더 인기 메뉴랍니다. 두툼한 고구마 맛탕이 촉촉하고 부드러운 식감이라면, 얇은 고구마칩 맛탕은 더 바삭한 맛!
가게 안쪽에서 계속해서 고구마 맛탕을 만드는데, 기다리면서 구경하는 재미도 쏠쏠해요. 오랫동안 영업해 온 전통 있는 곳이라 그런지 현지인들에게 사랑받는 곳이에요. 웨이팅이 있을 만큼 인기 있고, 방문하는 연령층도 다양해서 '찐 맛집이구나' 생각했던 기억이 나네요.

Comment
바삭한 고구마칩 맛탕과 부드러운 고구마 맛탕

Comment
타베로그 명백점에 선정된 맛집

173

⑧ 기치조지의 터줏대감 빙수 맛집   기치조지

코오리야 피스
氷屋 ぴぃす

- Add   180-0003 Tokyo, Musashino, Kichijoji Minamicho, 1 Chome-9-9 吉祥寺じぞうビル
- Open   화~토요일 10:00~20:00 / 일요일 10:00~18:00
- Close   월요일

2018년부터 유명한 일본식 빙수의 대표 맛집이에요. 일본 TV 드라마 <세일즈맨 칸타로의 달콤한 비밀> 등 여러 매스컴에 다뤄져서 인기가 정말 많아요. 빙수 종류도 날마다 다르고, 시즌별 기간 한정 메뉴도 있어서 종류가 다양해요. 특별히 가을에는 단호박 빙수가 인기 메뉴이고, 제철 과일을 이용한 과일 빙수도 유명해서 그날의 라인업 중 좋아하는 맛으로 고르면 좋을 듯해요.

저는 어느 곳을 가든 해당 가게에만 있는 특별한 메뉴를 맛보려는 편인데, 이곳에 방문한 날에는 고구마 치즈 브륄레 빙수와 코코넛과 흑임자 빙수를 골랐어요. 브륄레에 고구마 무스와 치즈 과자를 넣은 것과 흑임자에 코코넛 청크, 양갱을 조합한 것이 놀라웠고, 맛의 디테일이 살아 있어 먹으면서 계속 감탄했어요.

오픈 전에는 정리권을 나눠 주어 리스트에 원하는 방문 시간대를 기재할 수 있고, 오픈 이후에는 현장 대기도 가능하지만 예약 손님이 우선인 곳이라 상황에 따라 대기 시간이 길어질 수 있어요.

Comment
고구마 치즈 브륄레 빙수

Comment
얼음 결이 살아 있는 흑임자 빙수

Comment
각종 언론 매체에 소개된 코오리야 피스

⑨ 아사쿠사에서 맛보는 특별한 당고   아사쿠사

화과자 카에데
和菓子 楓

- Add   1 Chome-40-6 Asakusa, Taito city, Tokyo 111-0032
- Open   평일 11:30~18:30 / 주말 11:30~19:00
- Close 없음

Japanese Desserts

센소지 근처 아사쿠사 거리에 위치한 화과자 전문점으로, 일반적인 미타라시 당고와 노리(김) 당고, 앙코(팥) 당고도 유명하지만 더 특별한 당고를 파는 곳이랍니다.
바로 주말 한정 메뉴인 고헤이五平餠 당고인데, 딱 한국의 피카추 돈가스를 연상시키는 맛! 떡을 튀긴 후 일본식 양념을 바른 것으로, 구매 직후 바로 먹는 것이 좋아요. 늦게 방문하면 품절 메뉴가 많으니 가능한 일찍 방문하길 추천해요. 아사쿠사 센소지 주변을 구경하면서 간식으로 즐겨 보세요.

Comment
아사쿠사 근처의 화과자 카에데

Comment
고헤이 당고와 노리 당고

⑩ 가장 맛있었던 흑임자 빙수   시부야

사보 오쿠노 시부야
Sabo Okuno Shibuya

📍 Add	150-0047 Tokyo, Shibuya city, Kamiyamacho, 7-15 ホワイトハイム大嵩 102
🕐 Open	11:00~19:00
❌ Close	화요일
📷 Instagram	saboh_okushibu

빙수에 진심인 사장님이 운영하는 빙수 전문점. 1년 내내 메뉴가 같지 않고, 주기적으로 바뀌어요. 가끔은 일본의 칼 같은 시즌제가 아쉬운데, 올해 못 먹어도 내년에 다시 먹을 수 있다는 점이 어찌 보면 장점일 수도 있다고 생각해요.
이곳의 흑임자 빙수는 흑임자 덕후인 제가 먹어 본 것 중 가장 맛있었어요. 양도 푸짐한 데다, 흑임자 맛 푸딩에 흑임자 소스까지 모든 요소가 맛있었어요.
함께 내어 주는 차도 마무리 입가심으로 완벽했어요. 흑임자 빙수가 아니어도 좋아하는 맛을 고른다면 어떤 빙수든 다 후회하지 않을 곳이라고 생각해요.

Comment
함께 내어 주는 따뜻한 차

Comment
고소한 흑임자 푸딩이 통째로 올라간 흑임자 빙수

| 11 | 고집과 자부심이 느껴지는 빙수 전문점 | 히가시니혼바시 |

데메킨
DEMEKIN

Add	9-11 Nihonbashiyokoyamacho, Tokyo 103-0003
Open	11:00~18:00
Close	월요일

빙수에 대한 고집과 자부심이 느껴지는 빙수 전문점으로, 매장이 작아 대부분 손님이 1~2명만 오는 곳이어서 세 명 이상은 동석하기 어려워요. 회전율이나 서빙 속도도 느린 편이라 시간을 넉넉히 잡고 가야 하는 곳임에도 추천하는 이유는 특별한 빙수를 먹을 수 있는 곳이기 때문입니다.

저는 시즌 메뉴인 흑임자 고구마 빙수에, 얼음 베이스를 호지차 맛으로 변경하여 정말 특별한 빙수를 먹었어요. 고구마 무스에 크럼블과 흑임자 크림이 토핑으로 올라가고, 빙수 안에도 견과류, 고구마 무스, 커피 젤리까지 듬뿍 있어서 든든하게 먹었답니다. 조합도 무척 좋았어요.

다른 빙수들도 인기가 많아서 혼자 여러 맛을 먹고 가는 손님도 꽤 많았어요. 오래 기다린 것이 후회되지 않을 정도로 맛있어서 다음 시즌 메뉴가 기대되는 곳이었어요.

Comment
웨이팅은 가게 앞, 안내판이 세워져 있는 곳에서 하면 됩니다

Comment
빙수 안까지 가득한 토핑들

⑫ 주먹보다 더 큰 대왕 콩떡 　　　　　　　　　　　　아카바네

이세야
伊勢屋

- Add: 1 Chome-20-5 Akabane, Kita city, Tokyo 115-0045
- Open: 10:30~17:00
- Close: 월요일, 화요일(비정기적 휴무)

Japanese Desserts

일반 콩떡 크기의 4~5배는 되는 마메다이후쿠를 파는 떡집이에요. 엄청난 크기에도 가격이 150엔밖에 안 해서, 인당 5개까지만 살 수 있어요.
마메다이후쿠라는 콩떡은 일본에서 흔히 볼 수 있는 떡 중 하나로 편의점이나 마트에서도 구매할 수 있어요. 콩떡을 정말 좋아하는 저도 실제 이세야의 콩떡을 보고 예상보다 훨씬 커서 놀랐던 기억이 나요.
떡 안에 팥앙금이 들어 단맛도 있지만, 떡 자체에 간이 돼 있어 한국 떡과는 다른 매력이 있어요. 또 다른 대표 메뉴로는 마메모치豆餠가 있는데, 독특하게 싸 먹는 떡이라고 보면 되고, 맛은 비슷합니다. 평소 담백한 떡이나 콩, 팥 음식을 좋아한다면 추천하고 싶어요.
1시 이후부터는 미타라시 당고(꼬치에 꽂아 구운 경단에 단맛이 가미된 간장 소스를 바른 당고)도 판매해요. 5시까지 영업이라고 안내돼 있지만, 품절 시 마감이라 늦게 방문할 계획이 있다면 먼저 전화로 확인한 후에 방문하는 것을 추천해요.

Comment
오픈 전부터 항상 웨이팅이 있는 이세야

Comment
팥 앙금이 가득한 마메다이후쿠

Comment
집에서 버터에 한 번 구운 마메모치

일본 여행에서 빼놓을 수 없는 곳이 바로 편의점이죠! 로손, 세븐일레븐, 패밀리마트 등 대표 편의점에서 판매하는 유명하고 맛있는 디저트가 정말 많지만, 저는 로손과 세븐일레븐 두 곳의 디저트가 가장 잘 구성되어 있고, 맛있다고 생각해요. 그래서 이 두 편의점과 슈퍼마켓의 디저트를 추천합니다.

Convenience Store · Supermarket Desserts

5장.

편의점·
슈퍼마켓
디저트

1 로손

디저트가 가장 맛있는 편의점은 로손이라고 생각해요. 로손 자체 상품들뿐 아니라 디저트 종류도 다양하게 판매하고 있어요. 특히 냉장 디저트류를 잘 만드는데, 크림 디저트들과 유명한 '모치' 디저트 시리즈가 대표적이라 볼 수 있어요.

모치롤 もちロール

로손 편의점의 No.1 디저트! 저는 오리지널이 아닌 시즌 맛, 특히 단팥콩 찹쌀떡塩豆大福仕立てのもち食感ロール, 호두떡미타라시くるみ餅で巻いたもち食感ロールみたらし를 추천해요! 물론 평소 우유 크림을 제일 좋아한다면 역시 오리지널이겠지만요.

로손 라테

편의점마다 자체 브랜드 커피를 판매하지만, 저는 로손의 라테가 제일 맛있더라고요. 아이스보다는 따뜻한 라테가 더 고소하고 진해요. 또 로손은 메가 사이즈가 있는 유일한 편의점이에요. 빅사이즈 커피를 좋아하는 저로서는 로손의 메가 사이즈 커피가 정말 마음에 들어요.

모치뿌요 もちぷよ

로손 모치 라인의 베스트 No.2! 말캉말캉, 몰랑몰랑. 빵이 떡처럼 정말 쫄깃해요. 크림도 일반 우유 크림보다 더 달고 진한 맛이랍니다. 모치뿌요도 시즌 맛이 있지만, 오리지널을 제일 추천해요.

Convenience Store · Supermarket Desserts

우치카페 피스타치오 아이스크림
Uchicafe pistachio icecream

로손의 우치카페 라인의 컵 아이스크림 중 피스타치오 맛을 추천합니다! 유명 젤라토 가게의 피스타치오 아이스크림 맛을 200~300엔대로 느낄 수 있어요.

소프트아이스크림 우유
飲むソフトクリーム

우유맛 소프트콘과 똑 닮은 맛이에요. 용량이 많고, 연유 맛처럼 진하고 달달해서 맛있게 마셨답니다.

달걀 샌드위치
たまごのコクが広がる

편의점 달걀 샌드위치는 대부분 추천하지만, 특히 로손의 것을 추천해요. 식빵 자체가 부드럽고 촉촉하며 에그 마요의 간도 적당해요. 흰 우유와 함께 먹으면 더 맛있어요.

쟈지 우유 푸딩 ジャージ牛乳プリン

로손의 대표 디저트! 푸딩이라기보다 우유 크림 젤리 같다고 느꼈어요. 푸딩이 아닌 하나의 새로운 디저트라고 보는 게 맞을 것 같아요. 달달한 우유 크림 맛이라 맛이 없을 수 없어요.

당고

로손은 편의점 중 가장 다양한 당고를 파는 곳이에요. 그중 콩가루 쑥 맛 당고는 한국의 쑥떡보다 조금 연한 맛이고, 일본식 콩가루가 곁들여져 있어서 취향껏 뿌려 먹으면 돼요. 우리나라의 꿀떡처럼 생겼지만, 맛은 다른 3색 당고는 설탕으로 간을 한 달달한 떡이에요. 호불호가 있을 수 있지만, 일본 당고가 궁금하다면 도전해 보세요!

187

2 세븐일레븐

로손이 냉장 디저트로 유명하다면 세븐일레븐은 상온 디저트가 유명합니다. 예를 들어, 과자, 초콜릿, 빵 등 상온 보관 디저트는 세븐일레븐이 가장 맛있다고 생각해요. 또 디저트 외에 냉동 식품과 식사류, 도시락도 종류가 다양하고 맛있답니다.

슈거버터 샌드트리 シュガーバターの木
제가 세븐일레븐에서 제일 좋아하는 과자예요. 인기 많은 브랜드 '슈가버터 샌드 트리'의 세븐일레븐 버전 PB 상품입니다. 훨씬 저렴한데 맛이 정말 비슷해요!
페이스트리 과자처럼 바삭한 식감의 통밀 쿠키로, 버터 크림과 설탕 입자가 묻어 있어 달콤해요. 특히 파란색 포장의 오리지널을 가장 추천합니다.

콘마요빵 コンマヨネーズパン
편의점 콘마요빵 중 가장 맛있다고 소문 난 세븐일레븐의 콘마요빵! 다 아는 맛이지만 언제 먹어도 맛있더라고요.

더블 크림 슈 ダブルクリームシュー
커스터드 크림과 생크림이 함께 든 슈크림빵이에요. 커스터드 크림이 정말 맛있어 놀랐던 기억이 나요. 일본의 크림은 맛있기로 유명하니 꼭 먹어 보세요.

Convenience Store · Supermarket Desserts

사브레 쿠키 クッキー

버터쿠키 좋아한다면 추천! 초코 마카다미아, 마카다미아 쿠키, 피스타치오 세 가지 맛으로, 5개입 소포장되어 부담 없는 간식으로 좋아요.

너즈 초콜릿
ナッツチョコ

세븐일레븐의 초콜릿은 믿고 먹어도 좋아요. 견과류가 잔뜩 들어 식감까지 좋아 믿고 먹을 수 있는 맛이에요. 더블 너츠와 피넛 너츠 맛도 있으니 취향껏 골라 드세요.

아이스 고구마 맛탕
Candied sweet potatoes,
大学いも

냉동 코너에 있는 고구마 맛탕으로, 설탕 코팅이 되어 있어 식감도 더 좋고, 단맛도 더 강해요. 반드시 얼려 먹거나 구매 직후 빠르게 먹는 걸 추천합니다. 개인적으로는 물렁물렁한 맛탕을 별로 안 좋아해서인지, 아이스 고구마 맛탕의 살아 있는 식감이 좋았어요.

콩찹쌀떡 つぶあん豆大福

콩찹쌀떡은 일본에서도 세븐일레븐의 상품이 베스트 1위예요! 검은콩이 박힌 떡에 팥앙금이 들어 있어요. 냉장용과 상온용 두 가지 제품이 있는데, 확실히 냉장용 떡이 더 묵직하고 단단하면서 단맛이 진했어요. 반면 상온용 떡은 더 쫄깃한 게 매력이에요.

189

제로 사이다 ゼロサイダートリプル

세븐일레븐에서 편의점 제로 사이다 상품을 판매하고 있어요. 일반적인 사이다도 있지만, 각종 비타민, 유산균이 첨가된 맛까지 다양해요. 제가 제일 좋아하는 맛은 오리지널인데, 일본의 대표 음료 라무네와 비슷해요.

시로모치 타이야키 しろもちたい焼き

편의점 디저트 중 유행하고 있는 타이야키 시리즈입니다. 로손과 패밀리마트의 타이야키는 빵에 가까운 느낌이었는데, 세븐일레븐은 이름처럼 떡에 가까워요. 슬라임처럼 쭉 늘어날 정도로 쫄깃하고, 바닐라빈 크림이 안에 들어 있어 정말 맛있어요. 로손, 패밀리마트 타이야키에는 일반 커스터드 크림이 들어 있어서 저는 세븐일레븐 것이 더 맛있더라고요.

피스타치오 아이스크림
Chocolate bar pistachio

세븐일레븐 자사 브랜드 아이스크림 중 피스타치오 아이스크림을 추천해요. 겉의 피스타치오 초콜릿 코팅과 속의 부드러운 피스타치오 아이스크림이 어우러져 두 조합이 정말 좋아요.

피자망 ピザまん

겨울 대표 간식, 호빵! 일본에서는 호빵을 '망'이라고 불러요. 한국에서도 호빵을 좋아하듯 일본에서도 참 좋아하는데요, 기본 고기 호빵부터 다양한 맛이 있지만 피자 호빵이 가장 유명해요.

3 슈퍼마켓

일본 슈퍼마켓은 편의점에서 볼 수 없는 디저트가 정말 많아요. 편의점 디저트만의 특징이 있듯이, 슈퍼마켓 디저트에도 각각의 매력과 특징이 있어요. 또 편의점은 관광객들이 더 많이 찾는다면, 슈퍼마켓은 현지인이 더 많이 찾고, 지역의 문화를 잘 살린 제품이 많다는 것도 매력적이에요.

일본은 슈퍼마켓이 활성화되어 있어서 지역마다 판매하는 상품 차이가 꽤 많이 나요. 그래서 저는 여행할 때 동네의 마트 구경이나 쇼핑을 꼭 합니다. 지역마다 신기한 디저트가 많아서 새로운 상품을 발견할 때 느끼는 재미가 쏠쏠해요!

당고

편의점보다 더 다양한 당고를 만날 수 있는 슈퍼마켓. 그중 추천하는 맛은 바로 흑임자 당고예요. 흑임자 페스토 소스가 묻어 있어 마치 춘장 같은 비주얼이지만 맛은 정말 좋답니다. 지역에 따라 인절미 당고도 만날 수 있는데, 콩가루와 흑당 시럽이 듬뿍 뿌려진 당고입니다. 다양한 당고를 맛보고 싶다면 편의점보다 슈퍼마켓을 추천해요!

구로마메 센베 黒豆せんべい

일본의 전통 과자 센베! 센베의 종류는 정말 다양하지만, 그래서인지 맛있는 센베를 찾기도 어려워요. 가장 맛있게 먹는 센베인 검은콩이 잔뜩 박혀 있는 구로마메 센베는 담백한 소금 맛과 진한 간장 맛 두 종류인데, 저는 소금 맛을 추천합니다!. 담백하면서 짭짤한 맛이 중독적이라 자꾸 손이 가요.

두유

유제품의 나라라고 불리는 일본인만큼 우유와 두유 종류가 다양해요. 특히 대표 두유 브랜드인 키코만kikkoman 두유는 우유처럼 다양한 맛을 출시하는 브랜드인데, 고구마, 단호박, 피스타치오, 티라미수, 푸딩, 몽블랑, 단팥죽, 홍차 등 없는 맛이 없을 정도랍니다.
마루산marusan 두유도 키코만과 양대 산맥으로, 맛 종류는 적은 편이지만 칼로리 절반 시리즈가 인기가 많아요.

4 아이스크림

구성 조합이 놀랍거나 반전 요소가 있는, 한국에서는 맛본 적 없던 특별하고 색다른 맛의 아이스크림을 추천해 봤어요. 일본 현지에서만 맛볼 수 있으니 꼭 드셔 보세요!

아이스노미 アイスの実 과일 맛

과일 맛 아이스크림 중 인기 1위라고 할 정도로 유명해요. 편의점, 마트 어디에서든 볼 수 있는데, 슈퍼마켓에서 구매하면 좀 더 저렴하답니다. 얼음 아이스와 쫀득한 젤리 식감이 대비되는 반전 매력! 과일 본연의 진한 맛과 상큼함까지 즐기고 싶다면 추천해요.

하겐다즈

우리나라에서도 하겐다즈 아이스크림을 쉽게 구할 수 있지만, 한국에 출시되지 않는 라인인 크리스피 샌드위치를 추천해요. 가장 좋아하는 맛은 크렘브륄레 맛인데 시즌 한정 제품이라 조금 아쉬워요. 물론 다른 맛들도 전부 맛있으니 골라 드셔 보세요!

피스타치오 샌드 아이스크림

고소한 피스타치오 맛이 진하고 부드러운 아이스크림 샌드예요. 여행하면서 찾기 어려울 수 있지만, 발견한다면 꼭 잊지 말고 맛보세요! 일본 마트 아이스크림 중 가장 맛있게 먹은 피스타치오 아이스크림이었답니다.

아이스 만주 고구마 アイスまんじゅう

고구마 초콜릿 코팅 안에 고구마 아이스크림이 들어 있고, 그 속에는 떡까지 들어 있어요. 흔한 고구마 아이스크림이겠거니 했는데 기대 이상이었어요.

이무라야 고구마 아이스크림
Imuraya sweetpotato icecream

고구마 덕후 추천 아이스크림! 포장지에 그려진 그림이랑 똑같아서 놀랐을 정도예요. 맨 위에는 달달한 고구마 소스가, 안에는 고구마 아이스크림과 고구마 캐러멜 케이크가 들어 있어요. 마치 얼린 고구마 케이크를 먹는 느낌!

오하요 Ohayo 크렘브륄레

오하요 브랜드의 대표 아이스크림으로, 단단한 브륄레 아래 아이스크림이 깔려 있답니다. 평소 크렘브륄레를 좋아한다면 무조건 좋아할 맛! 이미 유명한 오리지널 맛과 초코 맛도 있답니다.

Convenience Store · Supermarket Desserts

먹는 목장 소프트아이스크림 食べる牧場
대표적인 소프트아이스크림 브랜드예요. 항상 있는 우유 맛 외에 기간 한정으로 딸기, 바나나, 초코, 캐러멜, 몽블랑 등 다양한 맛이 출시되고 있어요. 깔끔하고 심플한 소프트아이스크림을 좋아한다면 우유 맛을, 크럼블과 밤 맛을 좋아한다면 몽블랑 맛을 추천해요.

도쿄
디저트 맛집
도장 깨기 리스트

카페

- [ ] 버터마스터 리빙룸
- [ ] 리스 카페
- [ ] 더 리틀 베이커리 도쿄
- [ ] 넘버 포
- [ ] 프로미에 메
- [ ] 알레 카페
- [ ] 더 프론트 룸
- [ ] 소라마 커피
- [ ] CBC
- [ ] 츠바사 커피
- [ ] 그레이스
- [ ] 분단 커피 앤 비어
- [ ] 카보차
- [ ] 칠링 커피 앤 베이크
- [ ] 메노티스 도쿄
- [ ] 카페 프롬 톱
- [ ] 닝스 커피
- [ ] 리트 커피 앤 티 스탠드
- [ ] 히구마 도넛×커피 라이츠
- [ ] 킷사 레이
- [ ] 그랫브라운 로스트 앤 베이크
- [ ] 차베티
- [ ] 틸
- [ ] 타스 야드
- [ ] 레 주도 베베
- [ ] 부이크
- [ ] 패디부스 잠부스
- [ ] 브릿지 커피 앤 아이스크림
- [ ] 부베트 도쿄
- [ ] 도쿄 켄쿄
- [ ] 웰크
- [ ] 에키요코 베이크
- [ ] 데일리 바이 롱 트랙 푸드

베이커리

- [ ] 불랑제리 수도
- [ ] 이퀄
- [ ] 투르나주 진구마에
- [ ] 아맘 다코탄
- [ ] 라시누 도넛 앤 아이스크림
- [ ] 카리나
- [ ] 아이 엠 도넛?
- [ ] 테코나 베이글 워크
- [ ] 스모모 베이커리
- [ ] 코문 도쿄
- [ ] 시부이치 베이커리
- [ ] 글루토니
- [ ] 커피 앤 도넛 플러피 하우스
- [ ] 유니버셜 베이크스 니코메
- [ ] 르 리소스
- [ ] 르리외 유니크
- [ ] 카이소
- [ ] 나타 데 크리스티아노
- [ ] 더 시티 베이커리 아오야마
- [ ] 불랑제리 보네 단누
- [ ] 그린 섬
- [ ] 불랑제리 이가라시
- [ ] 아노 베이글
- [ ] 키비야 베이커리

킷사텐

- [ ] 탐탐
- [ ] 카페 드 락
- [ ] 루포제 스기
- [ ] 카페 에이스
- [ ] 도로와바구
- [ ] 킷사 쇼팽
- [ ] 커피 람브르
- [ ] 킷사 사텔라
- [ ] 티룸 조우아
- [ ] 미진코 커피
- [ ] 기린 커피

일본식 디저트

- [ ] 빙수 공방 셋카
- [ ] 하부타에 당고
- [ ] 템마 카레
- [ ] 미나토야
- [ ] 히라기
- [ ] 치쿠센도
- [ ] 다이가쿠이모 치바야
- [ ] 코오리야 피스
- [ ] 화과자 카에데
- [ ] 사보 오쿠노 시부야
- [ ] 데메킨
- [ ] 이세야

나만 알고 싶은 카페,
　　베이커리,
　　　킷사텐,
　　　　일본식 간식부터
　　　　　편의점 디저트까지

도쿄 디저트 여행

초판 1쇄 발행 2023년 10월 11일
초판 6쇄 발행 2025년 12월 26일

지은이 김소정
펴낸이 이경희

펴낸곳 빅피시
출판등록 2021년 4월 6일 제2021-000115호
주소 서울시 마포구 월드컵북로 402, KGIT 19층 1906호

ⓒ 김소정, 2023
ISBN 979-11-93128-38-1 13980

- 인쇄·제작 및 유통상의 파본 도서는 구입하신 서점에서 바꿔드립니다.
- 이 책의 전부 또는 일부 내용을 재사용하려면 반드시 사전에
  저작권자와 빅피시의 서면 동의를 받아야 합니다.
- 빅피시는 여러분의 소중한 원고를 기다립니다. bigfish@thebigfish.kr